獄制研究資料　第一輯

谷田三郎編纂

大正六年發行

獄制研究資料 第一輯

日本立法資料全集 別巻 1225

信山社

司法省
監獄局長谷田三郎編纂

獄制研究資料　第一輯

監獄協會

發刊ノ辭

我國維新以後銳意獄政ノ改革ニ務メ、經營多年、舊時牢獄ノ弊習今ヤ全ク其跡ヲ絕ツニ至レルハ國家ノ爲メ慶賀措ク能ハサル所ナリ。然レトモ仔細ニ我監獄事業ノ實況ヲ觀察スルニ、獄制ノ法規尙ホ不完全ニシテ、行刑ノ基礎未タ確實ナラス、獄舍ノ施設不備ニシテ、法令ノ要件ヲ充スニ由ナク、官吏ノ能力不十分ニシテ、運用ノ妙ヲ發揮スルニ足ラス、其他獄務ノ實際上現代ノ要求ニ適應セサルモノ枚擧ニ遑アラス。從テ現行ノ制度ヲ改良シ、獄務ヲ刷新スルノ必要アルハ夙ニ識者ノ認ムル所ナリト雖モ、其之ヲ實行スルニハ如何ナル主義方針ヲ採リ、如何ナル順序方法ニ據ルヘキ乎、是洵ニ至難ノ問題ニシテ、之ヲ解決スルニハ監獄事業ニ關係アル有形無形ノ事物ニ就キ、學理實際ノ兩方面ニ亘リ周匝精緻ナル研究ヲ要スヘキヤ固ヨリ言ヲ竢タス。然ルニ我國ニハ監獄ニ關スル文籍極メテ少ク、學理上竝ニ實務上採テ以テ研究ノ資料ニ供スヘキモノ殆ント稀ナリ。由來我監獄部内ニ於テ講學ノ風更ニ興ラス、論策提議ノ見ルヘキモノ毫モ之レナキハ主トシテ研究資料ノ缺乏ニ基因スルモノト謂ハサルヲ得ス。

余ハ多年監獄事務ニ從事シ、研究資料ノ缺乏ニ付遺憾ヲ感スルコト最モ痛切ナルカ故ニ、從來幾タヒカ資料編纂ノ事ヲ企圖セルモ淺學菲才、加フルニ公務多端ニシテ宿志ヲ果スヲ得ス、荏苒今日ニ至レリ。然ルニ、獄務改良ノ要求ハ愈急ヲ告ケ、僚友ノ慫慂又辭シ難キモノアルヲ以テ、乃チ自ラ揣ラス終ニ本書ノ發刊ヲ決行スルコトトナレリ。

本書ハ題シテ獄制研究資料ト謂フモ、單ニ監獄法規ノ編纂ヲ目的トスルモノニ非ス、汎ク監獄事業ニ關係アル內外ノ著書、論文、統計、報告等ヲ蒐集シ、一ニハ以テ講學ノ材料ニ供シ、一ニハ以テ實務家ノ參考ニ資センコトヲ期ス。若夫レ本書ノ刊行ニシテ我監獄事業ニ多少ノ貢献スル所アリトセハ、余ノ光榮之ニ過キサルナリ。

大正六年六月

谷田三郎識

第一輯緒言

一本輯ニハ千八百七十九年獨逸聯邦議會ニ提出セラレタル自由刑執行法草案 Entwurf eines Gesetzes über die Vollstre=ckung der Freiheitsstrafen. 千八百九十七年同議會ニ於テ議決シタル自由刑ノ執行ニ關スル原則 Grundsätze des Bundesrats, welche bei dem Vollzuge gerichtlich erkannter Freiheitsstrafen bis zu weiterer gemeinsamer Regelung zur Anwendung kommen. 千九百十三年公布セラレタル普國內務省所轄監獄則 Dienstordnung für die dem Ministerium des Innern unterstellten Strafanstalten und grösseren Gefängnisse. 及ヒ千九百十三年獨逸監獄協會 Verein der deutschen Strafanstaltsbeamten. ニ於テ議決シタル自由刑及ヒ保安處分執行法草案 Vorschläge zu einem Reichsgesetze über den Vollzug der Freiheitsstrafen und sichernder Massnahmen. ヲ收採シタリ。惟フニ我國ノ監獄行政ハ獨逸ノ制度ニ據ル所最モ多ク、殊ニ現行監獄法及ヒ監獄法施行規則ハ主トシテ前記普國監獄則ヲ模範トシテ制定セラレタルモノナレハ、獨逸ノ制度ハ我獄制研究ノ筌蹄トシテ必須ノ資料タルコト復タ多辯ヲ要セス。是本輯ニ於テ先ツ獨逸ノ法令及ヒ草案ヲ採擇シタル所以ナリ。左ニ其由來ト性質ヲ略述シテ讀者ノ參考ニ供ス。

一　獨逸國ニ於テハ夙ニ聯邦各州ノ行刑ヲ統一スルノ必要

アルヲ認メ、刑法、刑事訴訟法ト同シク帝國法(聯邦各州ニ共通スル法律)ノ形式ニ於テ行刑法ヲ制定センコトヲ企テ、帝國政府ハ特ニ行刑法調査委員會ヲ設ケ、八名ノ監獄實務家ヲ其委員ニ任命シ自由刑ノ執行ニ關スル綱目ヲ審議セシメ、其議定セル所ニ基キ法案ヲ編纂シ、千八百七十九年ノ聯邦議會ニ之ヲ提出シタリ。本輯ニ收ムル自由刑執行法草案即チ是ナリ。本案ハ當時ノ學者並ニ實務家ノ通說ヲ代表セルモノニシテ、案ノ主眼トスル所ハ聯邦各州ノ個々別々ナル行刑法ヲ統一スルト共ニ、千八百七十年代ニ於ケル監獄改良論ノ中心タリシ獨居制ノ擴張ヲ遂行セントスルニ在リキ。然ルニ聯邦議會ノ特別委員會ニ於テ調査ヲ遂ケタル結果、本案ヲ實施スルニハ獨居監房ノ建築費トシテ八千萬乃至一億萬「マルク」ノ支出ヲ要スルコト判明セシカハ、各聯邦政府ノ代表者ハ財政ノ關係上斯ル巨額ノ負擔ニ堪ヘストノ理由ニ據リ輙ク贊成ノ意ヲ表セス、再三原案ヲ修正セシメ決議ヲ遷延セル折柄、判事ミッテルステット氏自由刑反對論ト題スル一書ヲ公ニシ、痛烈極リナキ論鋒ヲ以テ巧ニ自由刑ノ制度及ヒ監獄行刑ノ效用ヲ論難攻擊シ、一時大ニ世論ヲ動カシタル爲メ、本案ハ終ニ成立ニ至ラスシテ止ミヌ。

一千八百七十九年ノ自由刑執行法草案ハ叙上ノ事由ニ依リ法律ト爲ルニ至ラサリシモ、草案ノ精神ハ依然トシテ存續シ、行刑統一及ヒ獨居制擴張ノ實行ヲ希求スル者常ニ其聲ヲ斷タス。仍テ聯邦政府ハ草案ノ趣旨ニ基キ着々獨居監房ノ增築ニ勉メ、時機ノ到ルヲ見テ統一法制定ノ宿志ヲ達センコトヲ期待セシカ、時勢ノ進運ハ端ナク新ナル問題ヲ提出シテ其解決ヲ求メ、統一法制定ノ氣勢ハ之レカ爲メ其趨嚮ヲ一轉スルノ已ナキニ至レリ。新ナル問題トハ何ソヤ。自由刑ノ組織ニ關スル根本論是ナリ。抑、獨逸ノ刑法ハ本ト佛國刑法ヲ摹倣シタルモノニシテ、其旨義タルヤ、犯人處罰ノ基礎ヲ應報ノ觀念ニ取リ、刑罰方法ノ本位ヲ自由刑ニ置キ、罪責ノ輕重ト實害ノ大小ヲ以テ科刑ノ標準ト爲スニ在リ。而シテ獨逸ノ學說及ヒ實際ハ概ネ此旨義ヲ是認シ、時ニ異說ヲ唱フル者アルモ會テ一般ノ大勢ヲ動カスニ足ラス、獄制改良論モ亦專ラ自由刑ノ執行方法ニ就キ拘禁制ノ利害得失ヲ講シ、獨居制ノ擴張ヲ主張スルニ止リ、自由刑ノ制度其物ニ對シ根本的疑義ヲ挾ムコトナカリシナリ。然ルニ十九世紀ノ後半ニ於ケル自然科學ノ進歩ハ犯罪及ヒ犯罪人ノ實證的研究ヲ促シ、刑事ノ新學說伊太利ニ起リテヨリ、刑罰制度ノ基本ヲ論議スル者漸ク多ク、千八百八十二年以降フオン、リスト氏刑事社會學ノ新見地ニ立チ、盛ニ刑罰ノ應報主義ヲ攻擊シ、刑事制度ノ根本的改革ヲ絕叫スルニ迨ヒ、獨逸ノ學海ハ怒濤狂瀾ノ狀ヲ呈シ、新舊二派ノ論戰激烈ヲ極メ殆ント底止スル所ヲ知ラス。甲論乙駁、迭ニ研鑽ノ歩ヲ進ムルニ從ヒ、一方ニ於テハ新派ノ主張ニ種々ノ瑕疵アルコト明瞭セルト同時ニ、他ノ一方ニ於テハ從來ノ刑事制度ニ固有ナル諸般ノ缺陷、殊ニ自由刑ノ組織ニ存スル弱點班々トシテ露出セル爲メ、刑法改正ノ必要ハ遺憾ナク證明セラレ、之ヲ斷行スルノ議朝野ノ輿論トナレリ。 茲ニ於テカ獄制改良論者ハ從前ノ態度ヲ一變シ、統一的執行法ハ刑法改正ノ結果、自由刑制度ノ確立スルヲ待テ之ヲ編纂スヘシトノ意見ニ傾キ、帝國政府モ亦之ヲ是認セリ。 是他ナシ、執行法ノ內容ハ自由刑ノ組織如何ニ依リ定マルヘキモノニシテ、後者ハ即チ前者ノ先決問題ナレハナリ。斯クテ自由刑執行法ノ制定ハ刑法改正ノ結果ニ待ツコトトナリタルモ、各州各異ノ行刑狀態ハ其儘之ヲ放過シ難キニ由リ、千八百九十七年聯邦議會ノ決議ヲ以テ自由刑執行ノ要目ニ付キ各州共通ノ規約ヲ定メ、統一的執行法ノ制定ニ至ル迄ハ之ヲ準則トシテ獄務ノ整理ヲ行ヒ、以テ舊來ノ狀態ヲ改良センコトヲ圖レリ。本輯載スル所ノ自由刑ノ執行ニ關スル原則ハ右ノ規約ヲ掲ケタルモノニシテ、今尚聯邦各州ニ行ハレ、獨逸獄制ノ基本ヲ表明スルモノトス。

一　普國ノ監獄行政ハ沿革上ノ理由ニ依リ内務司法ノ二省ニ分割セラレ、懲役監ノ全部及禁錮監、拘置監ノ一小部分ハ内務省ノ管轄ニ屬シ、禁錮監、拘置監ノ大部分ハ司法省ノ管轄ニ屬ス。此ノ如ク二省對峙シテ監獄ノ監督ニ當リ、相競フテ獄務ノ改良ニ努メ、其成績共ニ見ルヘキモノアリ。特ニ内務所屬ノ監獄部内ニハ前ニウイッヘルン氏、後ニクローネ氏アリテ監督者ノ地位ヲ占メ、非凡ノ人格ト異常ノ熱心ヲ以テ獄吏ノ養成及ヒ獄舍ノ改修ヲ實行シ、普國監獄ノ面目ヲ一新セシメタリ。然カモ普國ニハ元ト一定ノ組織系統ヲ具フル監獄則ノ設アルコトナク、獄務ニ關スル法規ハ形式ヲ異ニスル無數ノ行政命令ヨリ成リ、眞ニ紛糾錯雜ヲ極メタルカ、千八百九十七年聯邦議會ニ於テ自由刑ノ執行ニ關スル原則ヲ議決シタル後、クローネ氏ハ同原則ノ趣旨ニ據リ監獄則ノ編纂ヲ企テ、千九百二年其業ヲ卒ヘテ之ヲ發布セリ。是即チ本輯ノ卷頭ニ收ムル普國監獄則ニシテ、其內容及ヒ形式ノ完全ナル獨逸監獄則ノ典型ト稱スルモ敢テ溢美ニ非サルナリ。

一 獨逸監獄協會ハ千八百六十四年ノ設立ニ係リ、獨逸ヲ始メ墺太利、匈牙利、瑞西ノ主要ナル司獄官、司法官、刑事學者免囚保護事業關係者並ニ一般ノ有志者ヲ網羅スル獨逸有數ノ學會ナリ。本會ハ監獄事業ノ改良發達ヲ圖ルヲ目的ト爲シ、其機關トシテ監獄學雜誌ヲ發行シ、學術上及ヒ實務上有益ナル資料ヲ供給スルノ外、三年毎ニ總會ヲ開キ、重要ナル時事ヲ討論議決シ、監獄界ヲ代表シテ輿論ノ開發ニ努メ、斯業ニ貢献セルコト枚擧ニ遑アラス。就中行刑制ノ確立ト監獄法ノ統一ハ本會ノ最モ腐心スル所ニシテ、會則中特ニ「總テノ刑事事業ト連絡ヲ保チ、全般ニ通スル統一的原則ニ從ヒ有效ニシテ適實ナル行刑法ヲ創拟スルコト」ノ明文ヲ掲ケ、千八百七十四年以降毎次ノ總會ニ於テ、帝國法ノ制定及ヒ獨居制ノ採用ヲ力説セリ。千八百七十九年ノ自由刑執行法草案、千八百九十七年ノ自由刑ノ執行ニ關スル原則ノ成立ヲ見ルニ至レルハ本協會ノ言議與テ最モ力アリシナリ。刑法ノ改正ヲ斷行スルノ議一決セシ以來、本會ハ改正ノ方針ニ就キ斷ヘス研究ヲ怠ラサリシカ、千九百二年帝國司法大臣ノ勸說ニ因リ、新舊二派ノ刑法家相合同シテ調査會ヲ組織シ、四十九名ノ學者各一定ノ科目ヲ分擔シテ刑法編纂ノ資料ヲ蒐集スルコトトナリ、尋テ千九百六年帝國政府ニ於テ刑法起草準備會ヲ設ケ、刑法改正ノ業其緒ニ就クニ至レルヲ以テ、本會ハ千九百八年キヨルン市ニ開キタル總會ニ於テ刑法改正ニ關スル希望事項ヲ議決シ、之ト同時ニ爾後必要ニ應シ本會ノ名ヲ以テ適當ノ措置ヲ採ル權限ヲ理事會ニ委任シタリ。　翌九年帝國政府ハ刑法改正準備草案ヲ公ニシ、一般ノ批判ヲ求メタルニ付キ、本會ハ千九百十一年マンハイム市ニ開キタル次期ノ總會ニ於テ同草案ヲ審議シ、更ニ改正ニ關スル希望事項ヲ追加シタル後、本會ノ理事會ハ先ニ與ヘラレタル委任ニ基キ同草案ニ對スル執行法案ヲ作リ、以テ立法者ノ參考ニ資センコトヲ議決シ、五名ノ特別委員ニ其起草ヲ委託セリ。理事會ノ委託ヲ受ケタル特別委員ハ直ニ案ノ起草ニ着手シ、千九百十一年中第一案ヲ作成シタルモ、翌年ニ至リ更ニ二名ノ委員ヲ增シ再調査ヲ遂ケタル末、第一案ニ存在セサリシ保安處分ノ執行法ヲ追加シテ第二案ヲ完成シ、千九百十三年之ヲ公表セリ。本輯ニ掲載セル獨逸監獄協會提案自由刑及ヒ保安處分執行法案ハ即チ右第二案ニシテ、此案ハ獨逸ノ監獄界ニ於ケル從來ノ經驗ヲ開示シ併セテ現時ノ通說ヲ代表スルモノトス。

一　自由刑執行法草案、自由刑ノ執行ニ關スル原則、普國內務省監獄則ノ三者ハ先年我司法省ニ於テ飜譯セシメタルコトアルモ、其譯本不完全ノ廉多キヲ以テ之ヲ採ラス。本輯ニ揭クル所ハ都テ新ナル飜譯ニ係リ、司法省ノ譯本トハ全然別個ノモノタルコトヲ附言ス。

大正六年六月

編者誌

獄制研究資料第一輯目次

普國監獄則

内務省所轄監獄

（千九百二年十一月十四日普國内務省令）

普國監獄則
内務省所轄監獄

前加章　監獄

第二節　監獄官吏

第四章　刑罰ノ執行……七二

第一節　收監……七二

第二節　戒護

第四節　作業……一二一

第五節　疾病、出生、死亡……一三四

第十一節　釋放

普國內務省所轄監獄則

（一九〇二年十一月十四日普國內務省令）

前加章

監獄

名稱及ヒ目的

第一條
一 懲役監ニ於テハ懲役ヲ執行ス。
二 普通監獄ニ於テハ
甲 左ノ刑罰ヲ執行ス。
イ 禁錮。
ロ 拘留。
ハ 執行罰タル拘留及ヒ秩序罰（民事拘留）。

ニ　警察拘留。
ホ　豫備及ヒ後備ノ軍籍ニ在ル者ニ對スル營倉及ヒ軍事拘留。
ヘ　下級官吏ニ對スル懲戒拘留。
乙　左ノ者ヲ拘置ス。
イ　刑事被告人。
ロ　假逮捕者。
ハ　護送中ノ囚人。

拘禁區分ノ指定

第二條　拘禁區分ニ關スル規則ハ司法大臣ノ同意ヲ得テ内務大臣各監獄毎ニ之ヲ定メ統計年報ニ之ヲ告示ス。
拘禁區分ノ規定ニ異ル例外ノ取扱ハ内務大臣又ハ是ニ關シ特ニ權限ヲ委任セラレタル監督官廳ノ認可ヲ受クヘキモノトス。

行刑ノ任務

第三條　自由刑執行ノ目的ハ受刑者ヲ威服シテ法ノ下ニ屈從シ法ヲ尊重スルノ念ヲ起サシメ、彼等ヲ矯正シテ道徳上改善ノ實ヲ擧ケシメ、彼等ヲ敎育シテ出獄後國法ニ遵ヒ正業ニ勉ムル良民トナラシムルニ在リ。

第一章　官廳及ヒ官吏

第一節　官廳

最高監督官廳

第四條

一　懲役監及ヒ普通監獄ノ最高監督ハ内務大臣之ヲ行フ。内務大臣ハ總テノ高級行政官吏ヲ任命スルノ外、文部大臣ノ意見ヲ聽キ監獄醫ヲ任命シ且其命令ヲ以テ行政及ヒ職制ニ關スル一般ノ規程ヲ定ム。規程ノ變更ハ内務大臣ニ專屬ス。又内務大臣ハ大藏大臣ト協商ノ上各監獄ノ豫算ヲ定ム。豫算ハ内務大臣ノ認可ヲ經スシテ之ヲ變更シ又ハ超過スルコトヲ許サス。法律、一般ノ命令、本則及ヒ本則ノ補則ニ依リ處分ヲ完了スルコト能ハサル場合ニ於テハ常ニ内務大臣ノ裁決ヲ請フヘキモノトス。

二　大臣ハ二年乃至三年毎ニ一回其代理者（監獄事務ヲ管掌スル事務官）ヲシテ所轄內ノ懲役監及ヒ普通監獄ヲ巡閲セシメ其結果ニ付キ報告書ヲ提出セシム。巡閲官ハ要急ノ場合ニ於テハ內務大臣ノ名ヲ以テ臨機ノ處分ヲ命スル職權ヲ有ス其處分ハ書面ニ記載シテ之ヲ明確ニスヘシ。

三　本則ニ於テ單ニ大臣ト稱スルハ常ニ內務大臣ヲ謂フ。

監督官廳

第五條

一　知事（伯林ニ於テハ警視總監）ハ其所轄區域內ニ在ル懲役監及ヒ普通監獄ノ行政事務一切ヲ監督シ、上級宗務署ト協商ノ上敎誨師ヲ配置シ敎師並ニ下級官吏ヲ任命シ、各監獄ニ對スル監內規程ヲ制定シ、監獄ノ狀況ニ依リ必要アル場合ニハ各官吏ニ對シ執務上ノ訓示ヲ發シ且本則ニ依リ大臣ノ裁決若クハ監獄長ノ裁量ニ屬セサル一切ノ事項ニ付キ命令ヲ發スル權ヲ有ス。知事ハ總テノ報告及ヒ申請ヲ受理シ、行政事務及ヒ官吏ノ身上ニ關スル一切ノ命令ヲ傳達ス。上級官廳ノ命令ニシテ知事ヲ經ス監獄ニ直送セラレタルモノハ監獄ヨリ其旨ヲ直チニ知事ニ申報スヘシ。事務ノ取扱方ニ關シ官吏又ハ四人ノ提出スル抗議若クハ情願ハ監督官廳ニ宛テ差出スヘキモノトス。

二 監督官廳ハ少クモ三月每ニ一回監獄事務ヲ管掌スル地方廳ノ官吏（縣事務官）ヲシテ監獄ヲ巡閲セシムヘシ。縣事務官ノ巡閲アルトキハ其都度在監者ノ現狀ヲ表記シタル證明書類ヲ提示スヘシ。縣事務官ハ一年一回左ノ各員ヲ其巡閲ニ參加セシムヘシ。

イ 建造物ノ狀態ヲ檢閲スル爲メ縣建築技師。

ロ 敎育ノ狀態ヲ檢閲スル爲メ縣視學官。

ハ 健康狀態及ヒ衞生的施設ヲ檢閲スル爲メ縣衞生技師。

ニ 作業經營ノ狀態ヲ檢閲スル爲メ地方勸業技師。

縣事務官ハ每年少クモ一回會計檢査員ヲ其巡閲ニ參加セシメ出納、作業及ヒ用度ニ關スル一切ノ書類帳簿及ヒ諸表ノ臨時檢閲ヲ行フヘシ。

三　監督官廳ハ毎年七月一日マテニ監獄長敎誨師及ヒ監獄醫ノ年報ヲ添ヘ所轄各監獄ノ行政ニ關スル報告書ヲ大臣ニ提出スヘシ。報告書ニハ監獄巡閲ノ度數及ヒ衛生技師、建築技師、視學官及ヒ勸業技師ノ意見ヲ聽キタル上確定シタル巡閲ノ成績ヲ記載スヘシ。

四　本則ニ監督官廳ト稱スルハ常ニ知事ヲ謂フ。伯林ニ在テハ警視總監トス。

控訴院長
控訴院檢事長

第六條

一　控訴院長及ヒ控訴院檢事長ハ其控訴院管內ニ在ル內務省所轄ノ懲役監及ヒ普通監獄ヲ巡視シ、特ニ刑ノ執行及ヒ在監者ノ處遇カ適法ニ行ハルルヤ否ヲ確ムルノ職權ヲ有ス。巡視ノ目的ヲ達スル爲メ控訴院長又ハ檢事長ニ於テ請求スルトキハ監獄內ニ於ケル總テノ場所ヲ示シ、各在監者ヲ呼出シ、且諸般ノ説明ヲ爲スコトヲ要ス。控訴院長又ハ檢事長ノ請求アルトキハ知事ハ共同視察ヲ爲サシムル爲メ代理者ヲ選任スヘキ

宗務監督廳

外來者ノ監獄參觀

モノトス。

二 控訴院長及ヒ檢事長ニ於テ巡視ノ結果、事實ノ調査又ハ取扱ノ改良ヲ要スヘキモノアリト認ムルトキハ其旨ヲ監督官廳ニ報告スヘシ。

第七條

一 禮拜式、敎誨及ヒ敎誨師カ基督敎ノ四人ニ施シタル宗敎敎育ハ毎年一回所管宗務監督《スペリンテンデント》、二年乃至三年毎ニ一回宗務院《コンジストリウム》若クハ管長《ビシヨツフ》ノ代理者之ヲ檢閱ス。檢閱ノ際監督官廳ヨリ代理者ヲ差遣スルコトヲ得セシムル爲メ宗敎官署ハ檢閱ノ時ヲ豫メ監督官廳ニ報告スヘシ。

二 宗務官吏ノ旅費及ヒ日當ハ千九百年七月十二日ノ通牒ニ依リ之ヲ支給ス。此費用ハ監獄會計ノ負擔トス。

第八條

一 獨逸臣民ニシテ監獄視察ニ多大ノ利益ヲ有スル者ハ監獄長ノ許可ヲ得テ監獄ヲ參觀スルコトヲ得但男子ハ男監、女子ハ女監ニ限ル。監督官廳ハ前段ノ通則ニ依ラサル參觀ノ許可ヲ與フルコトヲ得。外國人ハ常ニ大臣ノ參觀認可ヲ受クルコトヲ要ス。

二　普國大學ノ法科大學敎授ニハ授業ノ爲メ其學生ト共ニ監獄ヲ參觀スルコトヲ許ス。敎授ハ豫メ參觀ノ旨ヲ監督官廳ニ屆出テ且參觀ノ日時ニ付キ監獄長ト協定スヘシ。

第二節　監獄官吏

官吏ノ名稱

第九條　監獄ニハ左ノ官吏ヲ置ク。

イ　監獄長(典獄、理事長、理事、女監長)。

ロ　高級事務官吏。

一　理事(作業理事、用度理事、會計理事、女監長)。

二　書記。

三　女書記。

四　屬（助手）。

八　他ノ高級官吏。

一　敎誨師。

二　監獄醫。

三　敎師。

四　女敎師。

二　下級官吏。

一　用度係。

二　看守長。

三　作業係。

四　機關手。

五　看守。

六　女用度係。

七　女看守長。
八　女作業係。
九　女看守。

監獄長

職權ノ概要

第十條　監獄長ハ法律、本則ノ規定及ヒ上級官廳ノ訓令ニ從ヒ單獨ノ責任ヲ以テ監獄全般ノ行政事務ヲ指揮ス。監獄長ハ外部ニ對シテ監獄ヲ代表ス。受付文書ハ總テ監獄長ニ提出シ其指揮ニ從ツテ之ヲ處理シ、發送文書ハ總テ監獄長ニ於テ之ニ署名ス。監獄長ハ監獄金庫ヲ監査シ、監獄及ヒ附屬ノ土地建物ニ付キ警護取締ノ任務ヲ行フ。

官吏ニ對スル職權

第十一條
一　監獄長ハ總テノ官吏ノ職務ヲ指揮監督ス。總テノ官吏ハ監獄長ノ命令ニ服從スル義務ヲ負フ。
二　教誨師及ヒ監獄醫ハ其教務若クハ醫務ノ執行ニ付テハ監獄長ニ隷屬

セス。但敎務又ハ醫務ニ關スル處分ノ執行ニシテ監獄長カ監獄ノ保安、獄務ノ整理、遇囚ノ適實、行刑ノ規畫又ハ國家ノ利益ニ危害アリト思料シ相當ノ注意ヲ與ヘタルニ拘ハラス其處分ヲ取消ササルモノニ付テハ監獄長ニ於テ其執行ヲ制止スルノ權ヲ有ス。此場合ニ於テハ直チニ其旨ヲ監督官廳ニ報告スヘシ。

三　監獄長ハ監獄官吏ニ對シ千八百五十年七月二十一日ノ法律及ヒ本則(第六十五條)ノ規定ニ依リ懲戒權ヲ有ス。敎誨師及ヒ監獄醫ニ對シテハ監督官廳ニ於テ敎誨師及ヒ監獄醫事務章程ニ依リ懲戒權ヲ行フ。

四　監獄長ハ官吏ニ對シ其職務ヲ指定シ必要ナル訓示ヲ爲シ其敎習訓練ニ注意スヘキモノトス。

五　高級官吏ノ身上關係書類ハ監獄長下鍵シタル箇所ニ之ヲ保管シ且是ニ關シ必要ナル文書ノ往復ハ監獄長自ラ處理スヘキモノトス。

六　懲役監ノ高級官吏ノ疾病休暇及ヒ賜暇ノ日數三週間ヲ超ユルトキハ

必ス其旨ヲ大臣ニ申報スヘシ。

七　監獄長ハ自己ノ管理スル監獄ニ起リタル特別ノ事故、例之、在監者ノ破獄逃走、重大ナル暴行、官吏ノ失態ニシテ其性質刑事裁判又ハ免官ヲ豫期スヘキ懲戒手續ヲ惹起スヘキモノ並ニ特別ノ災害ニ付テハ監督官廳ニ差出シタル報告書ノ謄本ヲ速ニ大臣ニ送致スヘシ。取調ノ際作成シタル調書ノ謄本ハ之ヲ添附スルコトヲ要セス。

在監者ニ對スル職權

第十二條

一　監獄長ハ在監者ニ對スル戒護撿束ノ方法ヲシテ機宜ニ適セシメ拘禁ノ執行ヲシテ法令及ヒ本則ノ規定ニ合致セシムルニ付キ責任ヲ有ス。

二　監獄長ハ精細ニ在監者ノ身上ヲ調査シ各個人ノ人格及ヒ特性ヲ詳悉シ之ニ適應スル處遇ヲ爲スコトヲ要ス。

三　監獄長ハ在監者ノ居房及ヒ作業ヲ指定シ且本則ノ規定ニ基キ懲戒權ヲ行フ。

代理

四　監獄長ハ出獄スヘキ在監者ヲ保護スル爲メ適當ナル措置ヲ採ルヘキモノトス(第百九十二條)。

第十三條

一　監督官廳ハ監獄長ノ意見ヲ聽キ高級事務官吏ノ中ヨリ監獄長ノ代理者ヲ指定ス。會計理事ヲ代理者ニ指定シタル場合ニ於テ監獄長長期ノ賜暇ヲ受クヘキトキハ他ノ高級官吏ヲ金庫監査官ニ任命シ會計命令書ノ署名ヲモ代理セシムヘシ。男監ト接續スル女監ノ長ハ女監ニ關スル事務ニ付キ監獄長ヲ代理ス。

二　監獄長其職ニ復シタルトキハ代理者ハ代理中處理シタル緊要事項及ヒ總テノ重大ナル出來事ヲ直チニ監獄長ニ申告スヘシ。代理者若クハ金庫監査官ニ任セラレタル官吏ノ調製シタル會計書類ハ事後監獄長ニ於テ之ヲ檢閲シ認證ヲ附スヘシ。但監獄長ノ賜暇長期ニ亘リタル場合ニ於テ監督官廳ヨリ特別ノ命令アリタルトキハ此限ニ在ラス。

年報

第十四條　監獄長ハ監獄ノ行政ニ關シ規定ノ方式ニ從ヒ毎年報告書ヲ提出スヘキモノトス。

監獄長ノ勤務時間

第十五條　監獄長ノ勤務時間ハ之ヲ一定セス。然レトモ日中ハ成ルヘク多ク監獄内ニ在勤シ且夜間時々監獄ヲ巡視スルコトヲ要ス。

女監長

第十六條

一　第十條乃至第十五條ノ規定ハ獨立シテ女監獄ヲ管理スル女監長ニ之ヲ準用ス。

二　前項ノ外女監長ノ權利義務ハ女監長事務章程ヲ以テ之ヲ定ム。

三　ラインフォルドン、ヤウエル、ザガン、デリッチュニ在ル各懲役監ニ勤務スル女監長ニハ千九百五年十二月十二日ノ事務章程ヲ適用ス。

高級事務官吏

作業理事

第十七條　作業理事ハ作業ニ關スル一切ノ事務ヲ主管シ、之ニ關スル文書ノ往復ヲ掌ル。作業理事ハ作業ニ必要ナル素品及ヒ製品ヲ管理シ、之ニ關スル帳簿ノ記入ヲ擔當シ、且每年計算書ヲ調製ス。右ノ外作業理事ハ監獄ノ建物及ヒ地所ヲ保全スル任務ヲ有ス。

用度理事

第十八條　用度理事ハ監獄ノ用度事務―給養、煖房、點燈、家具ノ設備ト竝ニ農業及ヒ牧畜事務ヲ主管シ、之ニ關スル文書ノ往復ヲ掌ル。用度理事ハ用度品ヲ保管シ、之ニ關スル帳簿ノ記入ヲ擔當シ且每年計算書ヲ調製ス。監獄ノ消防事務モ亦用度理事ニ於テ之ヲ主管ス。

會計理事

第十九條　會計理事ハ監獄ノ金庫ヲ主管シ、之ニ關スル文書ノ往復ヲ掌リ、每年計算書ヲ調製シ且官吏ノ身上ニ關スル事務ヲ處理ス。

書記

第二十條　書記ハ他ノ官吏ノ主管ニ屬スルモノヲ除ク外記錄、文書ノ發送竝ニ在監者及ヒ一般行政ニ關スル一切ノ文書事務ヲ主管ス。

女書記

第二十一條　第十七條乃至第二十條ノ規定ハ女書記ニ之ヲ準用ス。

屬

第二十二條　事務ノ範圍ニ依リ必要アルトキハ各官吏ニ屬(助手)ヲ附スルコトヲ得。屬ノ職務ハ監獄長之ヲ定ム。

其他ノ事務分配

第二十三條

一　作業事務ト用度事務、會計事務ト文書事務ハ一人ノ官吏ヲシテ之ヲ兼務セシムルコトヲ得。必要アルトキハ之ニ一人ノ書記又ハ屬ヲ附シ其執務ヲ補助セシム。又一人ノ書記ヲシテ會計事務ヲ兼務セシメ、一人ノ理事ヲシテ記錄及ヒ發送ノ事務ヲ兼務セシムルコトヲ得。小監獄ニ在テハ監獄長又ハ女監長ハ自ラ一科又ハ數科ノ行政事務ヲ擔當スヘキモノトス。

二　事務ノ負擔ヲ均一ナラシムル爲メ監督官廳ハ監獄長ノ意見ヲ聽キ比較的負擔ノ少ナキ高級官吏ヲシテ他ノ比較的負擔ノ多キ高級官吏ノ職務ノ一部分ヲ分擔セシムルコトヲ得。

高級官吏ノ警護勤務

第二十四條　高級事務官吏ハ下級官吏ノ上官タル地位ヲ有スルモノトス。

高級官吏ハ監內ノ警護及ヒ下級官吏ノ職務監督ニ付キ監獄長ヲ補佐シ、不紀律又ハ職務違背ノ事故ニ付テハ必要ニ應シ臨機ノ措置ヲ採リ、之ヲ排除シタルトキト雖モ其旨ヲ監獄長ニ申告スヘシ。高級官吏ハ交代シテ監内警護ノ當番ヲ擔當シ日曜日ニモ亦其任務ニ服スヘシ(第二十六條)。

高級官吏ノ勤務時間

第二十五條 高級事務官吏ハ日曜日ノ外毎日八時間乃至九時間監獄ニ於テ勤務スルコトヲ要ス。勤務時間ハ午前八時ニ始マリ二時間乃至三時間ノ午飯休憩時ヲ置キ午後六時又ハ七時ニ終ルヲ通例トス。規定ノ勤務時間内ニ事務ヲ終了スルコト能ハサル場合ニ在テハ官吏ハ時間外ニ尚ホ執務スル義務ヲ負フ。各高級官吏ニハ毎週半日ノ休暇ヲ與フルコトヲ得、但當日五時間乃至六時間勤務シタル者ナルコトヲ要ス。各監獄ニ於ケル勤務時間及ヒ監内警護ノ當番ノ分擔ニ付テハ監獄長ノ意見ヲ聽キ監督官廳勤務表ヲ以テ之ヲ定ム。

高級官吏ノ警護當番

第二十六條

一 當番勤務ハ總テノ高級官吏一週間毎ニ交代シテ均一ニ之ヲ爲ス。當番ノ勤務法ハ一人ノ高級官吏開監時ヨリ閉監時マテ監内ニ在勤スルコト、當番勤務者ハ監獄官會議ニ列席シ得ルコト、一日ニ二回以上本務ヲ視ルヲ要セサルコト、二時間乃至三時間ノ午飯休憩時ヲ與ヘラルルコトヲ條件トシテ之ヲ定ム。

二　勤務法ヲ定ムルニハ各監ノ狀況、特ニ監獄ノ構造設備、當該監獄ニ於テ採用スル拘禁制度、官吏ノ數、官吏ノ住家ト監獄トノ距離、新入監者ヲ護送スル汽車ノ到著時間、作業及ヒ農業ノ關係等ヲ斟酌スルコトヲ要ス。是等ノ事情ヲ斟酌シタル結果、支障ナシト認ムルトキハ平日ノ當番勤務ヲ二人ノ高級官吏ニ擔當セシメ其一人ヲシテ開監、他ノ一人ヲシテ閉監ヲ監督セシムルコトヲ得。少クモ毎日午前九時乃至十一時ノ間ハ總テノ高級官吏監獄ニ在勤スルコトヲ要ス。

三　日曜日及ヒ祭日ニ於ケル當番勤務ハ二人ノ高級官吏ニ擔當セシメ、其一人ヲシテ開監時ヨリ閉監時マテノ勤務ニ當ラシメ其一人カ二時間乃至三時間午飯休憩ヲ爲ス中他ノ一人ヲシテ交代勤務セシム。

四　當番勤務ノ高級官吏ハ他ノ高級官吏ノ休暇中其事務ヲ代理ス。當番官吏ハ殊ニ閉監、朝食ノ調理、配食、開役罷役カ適法ニ行ハルルヤ又朝夕ノ報告カ正確ニ爲サルルヤヲ監視ス。右ノ外尚ホ日曜日及ヒ祭日ニハ在監者ヲ敎誨堂ニ集合スル模樣、禮拜中ニ於ケル在監者ノ擧動、還房ノ模樣竝ニ日曜日ノ作業ヲ視察シ且監內何レノ場所ニ於テモ靜謐ト秩序ノ確保セラルルコトニ付キ注意ヲ加フル責ニ任ス。

五　閉監時ノ當番勤務ヲ擔當スル高級官吏ハ每週一回夜半後監獄內ヲ巡視スヘシ。當番官吏ノ勤務中監獄長又ハ其代理者在廳セサルトキハ當番官吏ハ警護上必要ノ措置ヲ爲シ置キ監獄長出勤ノ際其旨ヲ報告スルコトヲ要ス。當番官吏ハ懲戒罰ヲ科スル權ヲ有セス。當番事務ニ費シタル時間ハ每日ノ勤務時間ニ算入ス。

六　高級官吏タルコトヲ得ヘキ資格ヲ有スル助手ハ高級官吏ト同シク之ヲシテ當番勤務ニ就カシム。監獄長ハ自ラ當番勤務ノ一部分ヲ擔當スルコトヲ得。

七　高級官吏ノ數、助手ヲ加ヘテ四人以下ノ監獄ニ在テハ監督官廳ハ事務ニ堪能ナル用度係及ヒ看守長ヲシテ高級官吏ト交代ニ前同樣ノ振合ヲ以テ當番勤務ヲ擔當セシムルコトヲ認可スルコトヲ得。但此事カ當該監獄ニ於ケル諸般ノ關係上必要ニシテ且便宜ナリト認メ得ヘク又之レカ爲メ用度係及ヒ看守長ノ負擔ヲ過重ナラシメサルトキニ限ル。

八　本條ノ規定ハ女監及ヒ女子部ニモ之ヲ準用ス。男性ノ高級官吏ハ開監時又ハ閉監時ニ於テ女囚ノ寢房ニ入ルコトヲ得ス。女監ノ夜間巡視ニ際シテモ亦同シ。女性ノ高級官吏在ラサルトキハ前段ノ監督ハ女看守長、女用度係及ヒ女作業係ニ於テ之ヲ行フ。

他ノ高級官吏

教誨師

第二十七條

一　教誨師ハ教誨師任用令ニ依リ專務若クハ兼務トシテ之ヲ任命ス。兼務ノ敎誨師ハ大臣ノ認可ヲ經タル上監督官廳ニ於テ本人ト締結シタル契約ニ基キ之ヲ任命ス。敎誨師ノ職務ハ左ノ如シ。

イ　敎誨師ノ屬スル宗派ノ在監者ニ對シ其派ノ敎儀ニ依リ禮拜ヲ爲シ聖餐式ヲ行ヒ敎誨ヲ施スコト。

ロ　宗敎ニ關スル敎育及ヒ監督官廳ノ指定ニ依ル他ノ敎育科目ヲ擔當シ且普通敎育及ヒ書籍ニ關スル事務ヲ監視スルコト。

ハ　在監者ノ身上ニ關シ宗敎官署、免囚保護機關及ヒ適當ナル一個人トノ間ニ往復スル文書ノ處理ヲ掌ルコト。

ニ　在監者及ヒ其家族ノ保護ニ關スル事業ニ參與スルコト。

ホ　其監獄ニ於テ死刑ノ執行ヲ受クヘキ受刑者　對シ生前敎誨ヲ施スコト。

ヘ　年報ヲ調製スルコト。

二　一監獄ニ多數ノ專務敎誨師ヲ任命シタル場合ニ於テハ監督官廳ハ其

中ニ就キ普通教育ノ監視ヲ擔當スヘキ者ヲ指定ス。

三　教誨師ノ監獄ニ在テ勤務スヘキ時間ハ監獄長及ヒ教誨師ノ意見ヲ聽キ監督官廳ニ於テ之ヲ定ム。監獄長ノ要求アルトキハ教誨師ハ一定ノ時間外ト雖モ監獄ニ於テ勤務ニ從事スヘキモノトス。

四　前數項ノ外教誨師ノ職務ハ事務章程ニ之ヲ規定ス。

五　本則ノ規定ハ猶太宗ノ僧侶ニモ之ヲ準用ス。

監獄醫

第二十八條

一　監獄醫ハ兼務トス。事務章程ニ規定スル監獄醫ノ勤務方法ハ監督官廳ニ於テ本人ト締結スヘキ契約ヲ以テ之ヲ定ム。

二　監獄醫ノ職務ハ左ノ如シ。

イ　監獄ノ衞生取締ニ關スル事務ヲ監視スルコト。

ロ　新入監者ニ對シ健康診斷ヲ行ヒ其結果ヲ帳簿ニ記入シ、疾病ニ罹リタル在監者ニ對シ適當ナル醫療ヲ加ヘ、請求ヲ受ケタルトキハ在監者

教師

ノ健康狀態ニ付キ鑑定書ヲ作成スルコト。

ハ　本則第百六十九條第十號及ヒ第百七十條ニ依リ在監者ニ對シ懲罰ヲ科スル場合ニ參與スルコト。

ニ　在監者及ヒ監獄ノ衞生狀態ニ關スル總テノ問題ニ付キ監獄長ニ專門的意見ヲ具申スルコト。

ホ　病監ヲ主管シ及ヒ藥局ヲ管理スルコト。

ヘ　疾病ニ罹リタル官吏ノ勤務能力竝ニ監獄官志願者ノ健康狀態ニ關シ鑑定的意見ヲ申述スルコト。

ト　年報ヲ調製スルコト。

三　監獄醫ノ監獄ニ在テ勤務スヘキ時間ニ付テハ監獄長及ヒ監獄醫ノ意見ヲ聽キ監督官廳ニ於テ之ヲ定ム。監獄長ノ請求アルトキハ監獄醫ハ一定ノ時間外ト雖モ監獄ニ於テ勤務ニ從事スヘキモノトス。

第二十九條

一　敎師ハ專務又ハ兼務トシテ之ヲ任命ス。兼務ノ敎師ハ監督官廳ニ於テ本人ト締結シタル契約ニ基キ之ヲ任命ス。
二　敎師ノ職務ハ左ノ如シ。
イ　規定ノ科目表及ヒ時間表ニ依リ普通敎育ヲ授ケ且特定ノ在監者ニ補習敎育ヲ授クルコト。
ロ　官吏用及ヒ在監者用ノ書籍ヲ管理スルコト。
ハ　特ニ敎誨師ニ委任セラレタルモノヲ除ク外個々ノ在監者ニ對シ本人ニ適當ナル書籍ヲ貸與シ及ヒ之ヲ返納セシムルコト。
ニ　禮拜所禱ノ式ニ於テ樂ヲ奏シ且分房監獄ニ在テ規定上每夕執行スル讚美歌ノ式ヲ司宰シ又敎誨師ノ差支アル場合ニ於テ其指揮ニ從ヒ禮拜所禱ノ式ヲ行フコト。
ホ　在監者ノ爲ニスル書信ノ往復ニ付キ敎誨師ヲ補助スルコト。
三　敎師ノ勤務時間ハ平日ニハ八時間トシ、一週ニ於ケル普通敎育ノ授業時間ヲ二十四時間トス。此内一時間乃至二時間ハ日曜日ノ授業ニ充ツ毎週一回ニ限リ五時間乃至六時間ノ執務ヲ終ヘタル後半日ノ休暇ヲ與フ。監督官廳ハ監獄長及ヒ敎誨師ノ意見ヲ聽キ敎師ノ事務章程ヲ定ムルコトヲ得。休暇中ハ普通敎育ニ限リ其授業ヲ免シ其他ノ事務ニ付テハ平時ノ勤務ヲ命ス。賜暇ハ休暇中ニ於テ之ヲ與フヘシ。禮拜式ニ於ケル代理者ハ敎師自ラ適當ナルモノヲ選ンテ之ニ當ラシムヘシ、代理ヲ四人ニ委任スルコトハ之ヲ許サス。

四　專務ノ敎師敎授時間ニ餘裕アルトキハ敎師ヲシテ庶務ニ關スル事務殊ニ在監者ノ往復書信ニ關スル帳簿ノ記入、身上表ノ調製及ヒ在監者ノ身分統計ニ關スル材料調査事務ヲ分擔セシムルコトヲ得。

五　右ノ外敎師ノ職務ハ敎育ノ施設ニ關スル規程ニ於テ之ヲ定ム。

六　書籍ヲ在監者ニ貸與スル場合ニ於テハ本人ノ宗派、年齡、敎育ノ程度及ヒ其他ノ特性ヲ斟酌スヘシ。敎師ハ四人ヲシテ書籍ヲ鄭重ニ取扱ヒ之ヲ濫用スルコトナカラシムル樣注意ヲ加フヘシ。

女敎師

第三十條　本則第二十九條ノ規定ハ女敎師ニ之ヲ準用ス。女敎師ノ授業時間ニ餘裕アルトキハ之ニ作業、用度若クハ庶務ニ關スル事務ノ分擔ヲ命スルコトヲ得。

高級官吏ノ監獄官會議

第三十一條

一　敎誨師、監獄醫、理事(女監長)、書記(女書記)、敎師(女敎師)ハ分房監獄ニ在テハ毎日、其他ノ監獄ニ在テハ少クモ一週二回、監獄長ノ上申ニ依リ監督官廳ノ定メタル時間ニ監獄長ヲ議長トシテ監獄官會議ヲ開クヘキモノトス。監獄長ハ事情ニ依リ會議ヲ休止シ又ハ其時間ヲ變更スルコトヲ得。休止又ハ變更ノ場合ニハ豫メ其旨ヲ各官吏ニ通知スルコトヲ要ス。助手及ヒ高級官吏ノ事務見習中ノ者ハ之ヲ會議ニ參列セシムルコトヲ得、但決議ノ數ニ加ハルコトヲ得ス。

二　平均在監人員三百名以下ノ監獄ニ在テハ監獄官會議ノ意見ヲ聽キ監

督官廳ニ於テ會議ノ度數ヲ每週一回ニ減スルコトヲ得。

三 女監長ヲ置ク女子部ニ在テハ女監長女性ノ高級官吏ト共ニ會議ヲ開ク。監獄長ハ每週一回此會議ヲ司會スヘシ。此場合ニ於テハ敎誨師及ヒ監獄醫ヲ參列セシムヘシ。女子部ノ會議ニ監獄長ノ出席スル場合ニハ男監ニ於ケル會議ヲ休止ス。

第三十二條

一 會議ニ付スヘキ事項左ノ如シ。

イ 監獄ノ行政及ヒ在監者ノ處遇ノ全體ニ關スル事項、上級官廳ノ發シタル命令通牒等ノ報告及ヒ說明。

ロ 監獄行政上生シタル特別ノ事故ニシテ事務ノ全般ニ關係アルモノ。

ハ 新入監者ノ紹介。刑期三月以下ノ新入監者ニ付テハ監獄長ニ於テ便宜ト認メタルトキニ限リ之ヲ紹介ス。

ニ 新入監者ニ對スル作業ノ賦課、紀律上若クハ衞生上ノ理由ニ基ク作業ノ變換。

ホ　在監者ヲ雜居拘禁ニ付スルカ又ハ獨居拘禁ニ付スルカヲ定ムル件。

ヘ　在監者ノ道德上、精神上若クハ肉體上ノ狀態ニ關スル審查。

ト　重大ナル懲罰事犯。

チ　特赦、假出獄、刑ノ執行中止ニ關スル申立。

リ　刑期三月以上ノ者ニ關スル感化敎育、警察ノ監視、事後拘留ノ件(第百八十四條第二項)並ニ放免スヘキ在監者ノ救助保護ニ關スル件。

ヌ　在監者及ヒ其家族ノ救助ニ關スル件。

ル　監獄備付ノ書籍印刷物等ノ購入ニ關スル件。

二　監獄長及ヒ其他ノ會議員ニ於テ適當ト認ムルトキハ前揭以外ノ事項ヲ監獄官會議ノ議ニ付スルコトヲ得。

會議ノ目的

第三十三條

一　會議ノ目的ハ高級官吏ヲシテ獄務全般ノ事情、在監者ノ人物及ヒ其處遇ノ如何ヲ知悉セシムルニ在リ。會議ハ監獄長ノ諮詢機關タルニ過キス、監獄長ハ會議ニ於ケル多數ノ意見ニ羈束セラルルコトナク任意ニ裁決ヲ爲シ、其裁決ニ付テハ單獨ニ責任ヲ負フ、但在監者ニ對シ笞罰(本則第百七十條第二號)ヲ科スル事案ニ付テハ此限ニ在ラス。

二　會議ニ付セラレタル事項ニ付キ上級官廳ニ對シテ爲ス報告ニハ他ノ會議員ノ反對意見ヲモ申報スヘシ。敎誨師又ハ監獄醫カ自己ノ職務ニ關スル事項ニ付キ監獄長ト意見ヲ異ニスルトキハ其意見書ヲ監獄長ノ報告ニ添附スヘシ。

會議ノ時間

第三十四條

一　會議ノ時間ハ通例三十分乃至一時間ヲ超ヘサルコトヲ要ス。會議ノ要領ハ書記、助手又ハ敎師ヲシテ簡單ニ之ヲ會議錄ニ記載セシメ監獄長之ニ署名スヘシ。

二　縣事務官ハ監獄巡閲ノ際會議ニ參列シ議事カ適法ニ行ハルルヤヲ視

察シ會議錄ニ其所見ヲ記入スヘシ。

下級官吏

用度係

第三十五條　用度係ハ監獄ノ被服、臥具及ヒ肌着類ヲ處理シ之ニ關スル帳簿ノ記入及ヒ計算書ノ調製ヲ掌ル。又用度理事ノ指揮ニ依リ供用中ノ家具類一切ヲ監守シ入出監者ノ更衣ヲ施行シ、在監者所有ノ衣服其他ノ物品ヲ領置ス。用度係ハ看守長ト共ニ日々構內ヲ巡視シ監內監外何レノ場所ニ於テモ清潔ト紀律カ遺憾ナク勵行セラレ且看守カ規定通リ其職務ヲ盡ス樣十分ノ注意ヲ加フヘシ。在監者ノ清潔法、肌着ノ洗濯、建物ノ洒掃ニ要スル用品竝ニ點燈煖房用ノ物品ハ用度係之ヲ用度理事ヨリ受取リ更ニ看守ニ配付スヘキモノトス。

看守長

第三十六條

一　看守長ハ看守ノ直近上官トス。看守長ハ一般ノ法規及ヒ監獄長ノ特別命令ニ從ヒ看守ノ執務ヲ指揮監督ス。看守長ハ在監者ニ對スル戒護撿束ヲ嚴正確實ニ執行シ且在監者ニ言渡シタル懲罰ヲ適法ニ執行スルコトニ付キ監獄長ニ對シテ其責ニ任ス。

二　看守長ハ監獄長ノ命令ニ基キ在監者ヲ一定ノ箇所ニ配置スヘシ。監獄長ニ豫告セスシテ在監者ノ配置箇所ヲ變更スルコトヲ許サス。

三　看守長ハ少クモ每週一回獨居房ヲ巡視シ又每日一回雜居拘禁ノ場所並ニ囚人ノ現在スル中庭及ヒ構外ノ場所ヲ巡視シテ看守カ其職務ヲ規定通リ執行スルヤ又何レノ場所ニ於テモ清潔ト紀律カ厲行セラルルヤヲ確ムヘシ。看守長ハ時々格子、戶、錠前、壁ノ堅牢ナルヤ否ヲ檢査シ、看守カ日々規定ノ搜檢ヲ怠ラサルヤ否ヲ確ムヘシ。巡視ノ結果ハ之ヲ報告書ニ記入スヘシ。

四　看守長ハ每日規定ノ報告及ヒ看守ノ配置表ヲ監獄長ニ提出シ、看守及ヒ在監者ノ紀律ニ關スル出來事ヲ一定ノ報告時間ニ報告シテ監獄長ノ指揮ヲ請フヘシ。特別ノ場合ニ於テハ即時報告ヲ爲スヘキモノトス。

五　右ノ外用度係及ヒ看守長ノ職務ハ事務章程ニ於テ之ヲ定ム。

作業係

第三十七條　作業係ハ作業ノ指揮監督ニ付キ作業理事ヲ補佐シ、作業理事ノ命ニ依リ工手ト共同シテ製品ノ引上ヲ擔當ス、但製品ノ引上カ看守ニ委任セラレタルトキハ此限ニ在ラス。其他作業係ハ其管掌ニ屬スル文書及ヒ諸表ヲ愼重ニ整理シ、其保管ニ係ル素品及ヒ器具ヲ誠實ニ管理シ、建造物ノ狀態ヲ視察シ、上官ノ命令ニ基キ必要ナル修繕及ヒ營繕工事ヲ施行セシムル責ニ任ス。

機關手

第三十八條　機關手ハ監獄ノ機械的設備及ヒ中央採熱式ノ煖房器ヲ適當ニ運用シ且其完全狀態ヲ保存シ、機關器具ニ關スル工業警察法ノ規定ヲ遵守シ、鍛冶工、錠前工、鐵葉工等ノ工場ヲ主宰シテ此ニ就役スル在監者ヲ監視シ、總テ自己ノ專科ニ屬スル作業ヲ實施セシメ、其保管ニ係ル素品及ヒ器具ヲ誠實ニ管理シ且受持ノ文書及ヒ諸表ヲ愼重ニ處理スル責ニ任ス。

職務ノ代理

第三十九條　用度係、作業係及ヒ機關手ハ看守ノ上官トス。此三者ハ監獄長ノ命令ニ依リ相互ニ其職務ヲ代理ス。

第四十條

一　看守ハ其受持ノ在監者ヲ確實ニ戒護シ愼重ニ監視シ、在監者ヲシテ遵守事項ヲ熟知セシメ、嚴ニ其旨趣ヲ實行セシムル任務ヲ有ス。看守ハ其受持部内ニ於テ紀律、秩序、淸潔、換氣ヲ厲行シ、戶、錠前、窓、格子、床、壁等ノ完全狀態ヲ保存シ、受持部内ニ存在スル諸物件（第百十二條參照）ノ取扱及ヒ整理ヲ誤ラサルコトニ付キ責任ヲ負フ。看守ハ在監者ヲシテ作業ニ勉勵シ、作業ノ素品及ヒ器具ノ取扱ニ注意セシメ且受持帳簿、受持部内在監者人員表及ヒ備品帳簿ヲ愼重ニ處理スルコトヲ要ス。製品ノ引上カ作業係ノ擔任ニ屬セサル場合ニ於テハ作業理事ノ命令ニ依リ看守ヲシテ工手ト共ニ製品ノ引上及ヒ製品引上簿ノ記入ヲ擔當セシムルコトヲ得、但看守ニハ過度ニ文書記錄ノ煩累ヲ負ハシメサルコトヲ要ス。

二　看守ニハ看守事務章程ヲ交付ス。看守ハ之ニ依リ職務上遵守スヘキ規程ニ精通スルコトヲ要ス。
三 特別ナル職務ニ從事スヘキ看守ニハ特別ノ執務命令ヲ授ク。

下級官吏ノ勤務時間

第四十一條 下級官吏ノ勤務時間ハ一日十時間乃至十一時間トス。各三回目ノ日曜日又ハ祭日ニハ終日休暇ヲ與ヘ、日曜勤務ニ服シタル週ニ在テハ少クモ一回ノ半日休暇ヲ與フ。午前午後ニ亘リ勤務ヲ爲ス日ニハ午飯ノ爲メ少クモ一時間ノ休憩ヲ與フ、但各監獄ニ於ケル看守ノ居住關係ヲ斟酌シ休憩時間ヲ二時間マテ延長スルコトヲ得。右ノ外下級官吏ノ職務ニ付テハ監督官廳ノ認可ヲ經テ特ニ規定シタル勤務法ニ依リ各監獄毎ニ之ヲ定ム。

女下級官吏（第九條(ニ)第六號乃至第九號）

第四十二條 女四ノ戒護ニハ女下級官吏（女用度係、女看守長、女作業係、女看守）ノミヲ以テ之ニ充ツ。男下級官吏ニ關スル規定ハ女下級官吏ニ之ヲ準用ス。

官吏ノ其他ノ義務

第四十三條 各官吏ハ監獄長ノ命令ニ依リ其能力ノ許ス限リ受持外ノ事務

ヲモ擔當シ誠實ニ之ヲ履行スル義務ヲ有ス。非常事變、例之、火災、暴風雨、在監者ノ暴動等ノ場合ニ於テハ高級官吏及ヒ下級官吏ハ執務時間外ト雖モ監獄ニ出頭シテ執務スルコトヲ要ス（第百二十條）。

代理

第四十四條 賜暇ノ爲メ又ハ一時ノ疾病ニ因リ缺勤スル官吏アルトキハ本務ニ妨害ナキ限リ他ノ官吏ニ於テ缺勤者ノ職務ヲ代理ス。

官吏ノ一般ノ心得

第四十五條 監獄官吏ハ職務ノ內外ヲ問ハス常ニ言行ヲ愼ミ忠良ニシテ名譽ヲ重ンスル王國官吏タルノ體面ヲ汚サヽランコトヲ期スヘシ。上官ニ對シテハ克ク其命令ニ服從シ、職務上負擔スル義務ハ誠實ニ之ヲ履行シ而シテ職務ニ關スル事項ニ付テハ一切祕密ヲ恪守スヘシ。囚人ヲ遇スルニハ親切鄭寧、公平無私、莊重摯實ヲ以テシ、必要アルトキハ嚴格ヲ以テ之ニ臨ムヘシ。囚人ト無用ノ談話ヲ爲シ又ハ私ニ囚人ト交涉スルコトヲ許サス。囚人逃走ヲ企テ、反抗ヲ試ミ、騷擾ヲ釀ス場合ニ於テハ一身ヲ擲テ其防遏ニ努メ、同僚難ニ當ルトキハ互ニ相救護スヘシ。若シ或ハ怯懦逡巡スル者アレハ懲戒ノ律ニ照シ假借スルコトナシ。受持ノ囚人ヲ逃走セシメタル官吏ハ懲戒又ハ刑事ノ處罰ヲ受クヘシ。懲戒罰、刑事罰ノ中其一ヲ受クルモ之レカ爲メ必スシモ他ノ罰ヲ免カルモノニ非スト知ルヘシ。

武器及ヒ武器ノ使用

第四十六條

一　下級官吏ハ執務中常ニ佩劍スヘキモノトス。夜勤看守ニシテ監獄ノ內部ニ勤務スル者ニハ裝藥シタル拳銃、監獄ノ外部ニ勤務スル者ニハ裝藥シタル騎銃ヲ携帶セシム。囚人ノ運動ヲ監視スル看守ニハ各監獄ノ狀況ニ依リ拳銃又ハ騎銃ヲ携帶セシム。拳銃又ハ騎銃ノ何レヲ採ルヘキヤハ各監獄ノ狀況ニ依リ監獄長之ヲ定ム。

二　監獄ノ構外ニ就役スル囚人ヲ監視スル看守ニハ騎銃ヲ携帶セシム。

三　官吏ハ其職務ノ執行ニ際シ左ノ事由アルトキハ其佩劍及ヒ銃器ヲ使用スルコトヲ得。

イ　自己若クハ他人カ現ニ攻擊ヲ受ケ又ハ自己若クハ他人カ攻擊ヲ受

クル危險アルトキ。

ロ　囚人カ危險ナル攻擊ノ用ニ供シ得ヘキ器具ヲ所持シ其放棄ヲ肯セサルトキ。

ハ　囚人カ多衆暴動シ一致協力シテ破獄ヲ企テ、監獄官吏若クハ監守ニ任セラレタル者ヲ攻擊シ、之ニ抵抗ヲ爲シ又ハ之ニ對シ或行爲若クハ不行爲ヲ强制セントシタルトキ。

ニ　逃走ヲ企テタル囚人捕拿ヲ免カレン爲メ暴行若クハ危險ナル脅迫ヲ以テ抵抗シ又ハ數次ノ制止ニ從ハスシテ尙ホ逃走ヲ遂行セントスルトキ。

四　武器ハ暴動ノ鎭壓、逃走ノ防止、攻擊ノ防衛又ハ抵抗ノ抑壓ニ必要ナル程度ニノミ之ヲ使用スルコトヲ許ス。銃器ハ身體ニ對スル直接ノ攻擊ヲ防衛スル場合ヲ除ク外說諭ヲ與ヘタルモ其效ナク且他ノ手段ニ依リテハ其目的ヲ達スル見込ナキ場合ニ限リ之ヲ使用スルコトヲ許ス。

五　暴動ニ際シ銃器ヲ使用スヘキヤ否ニ付テハ監獄長又ハ其代理者之ヲ決定ス。武器ヲ使用シタル場合ニ在テハ直チニ事態ヲ査明シ之ヲ監督官廳ニ報告スヘシ。

六　看守ハ三月間ニ少クモ三回銃器使用ノ演習ヲ爲スヘシ。武器ハ常ニ愼密ノ手入ヲ爲シ何時ニテモ使用シ得ル樣準備シ置クヘシ。一年間ヲ通シ射擊ニ最良ノ成績ヲ擧ケタル三人ノ看守ニハ豫算第九十六欵第十項ノ費目ヨリ十「マルク」ノ賞金ヲ授ク。

疾病

第四十七條

一　官吏カ疾病ニ因リ出勤シ難キトキハ其日ノ執務時間前ニ高級官吏ハ監獄長ニ宛テ、下級官吏ハ當番勤務ノ高級官吏ニ宛テ其旨ヲ屆出ツヘシ。監獄長ノ請求アルトキハ監獄醫ハ缺勤屆出後二十四時間內ニ其病症及ヒ勤務不能ノ日數ニ付キ意見ヲ申述スヘシ。

二　敎誨師疾病ノ爲メ執務ニ堪ヘサル場合ニ於テ其期間八日以上ニ亘ル

ヘキトキハ代理ニ關スル考案ヲ監獄長ニ提出スヘシ。

三　監獄醫カ疾病ノ爲メ執務ニ堪ヘサルトキハ他ノ醫師ヲ代理者トシテ選定シ其氏名ヲ監獄長ニ申出ツヘシ。

四　官吏ノ家族カ傳染病ニ罹リタルトキハ（第九十二條第一項）假リニ缺勤シ直チニ書面ヲ以テ其旨ヲ監獄長ニ届出ツヘシ。此場合ニ於テハ監獄長ハ監獄醫ト協議ノ上當該官吏ヲ再ヒ服務セシムルコトヲ得ヘキヤ又服務セシムルニハ如何ナル措置ヲ採ルヘキヤヲ定ム。當該官吏官舍ニ居住スルトキハ監獄地內ニ疾病ノ傳播スルヲ防止スルニ必要ナル衞生上取締ノ措置ヲ爲スヘシ。

賜暇

第四十八條

一　監獄長ハ自身及ヒ他ノ總テノ監獄官吏ニ四日以內ノ賜暇ヲ與フルコトヲ得。自己ノ賜暇ニ付テハ其事由ヲ明示シ監督官廳ニ届出ツヘシ。四日以上ニ亘ル賜暇ヲ得ントスル者ハ監獄長ヲ經テ監督官廳ニ其旨ヲ願出ツヘシ。監督官廳ハ内國滯在ノ者ニハ六週間以内、外國旅行ノ者ニハ四週間以内ノ賜暇ヲ與フルコトヲ得。六週間以内ノ外國旅行ノ賜暇ハ州長官ニ於テ之ヲ許可スルコトヲ得。右ノ期間ヲ超ユル賜暇ハ大臣ノ認可ヲ要ス。

二　下級官吏ニハ一年間ニ七日以内ノ賜暇ヲ與フ。七日ノ内少クモ四日ハ連續期間トス。高級官吏ニハ毎年一回少クモ十四日ノ賜暇ヲ與フ。賜暇期間中ハ他ノ高級官吏ヲシテ其職務ヲ代理セシム。其代理中各高級官吏ヲシテ本則ノ規定上自己ノ本務ニ屬セサル事務ニモ漸次習熟セシムルコトヲ期スヘシ。

三　官吏ハ何人タルヲ問ハス監獄長ノ豫知及ヒ認可ナクシテ其職務執行ノ爲メ指定セラレタル居住地以外ニ宿泊スルヲ許サス。

官吏ノ任用、其條件

甲　高級官吏

第四十九條

一 敎誨師トナルヘキ者ハ通則トシテ其奉職セントスル監獄所在ノ縣ニ在テ久ク獨立シテ組合牧師ノ敎職ニ從事シ、敎誨及ヒ敎育ノ經驗ヲ有シ且學校監督ノ能力ヲ具備スルコトヲ要ス。志願書ハ新敎ノ僧侶ニ在テハ所轄宗務院《コンジストリウム》、舊敎ノ僧侶ニ在テハ寺務監督署《キルヒリッヘ、オーベルベヒョルデ》ヲ經由シ履歷書及ヒ僧職適任證書ヲ添ヘテ大臣ニ提出スヘシ。

二 監獄醫ハ衞生、醫務ニ從事スル官吏ノ中ヨリ之ヲ採用スルヲ通則トス。

三 附屬ノ精神病監ヲ有スル監獄ニ於テハ精神病學ノ素養ヲ有シ且久ク精神病院ニ勤務シタル醫師ヲ採用スヘシ。

四 敎師及ヒ女敎師ハ小學敎師ノ任用資格ヲ有シ、通例三十歲乃至三十五歲ニシテ少クモ十年間公立學校ニ於テ優良ナル業績ヲ擧ケタル者ナルコトヲ要ス。

五 前項ノ官吏ハ成ルヘク監獄所在地方ニ居住スル志願者ノ中ヨリ之ヲ選任

スヘシ。志願書ハ履歴書及ヒ證明書ヲ添ヘ監督官廳ニ之ヲ提出スヘシ。

第五十條

一　理事、書記及ヒ助手ハ下士ニシテ文官適任證書ヲ有シ又ハ屬官ノ任用資格ヲ有シ、年齢二十六歳以上四十歳以下ニシテ身體最モ强健ナルコトヲ要ス。志願者ハ高級官吏タランコトヲ希望スル旨ヲ表示シテ志願書ヲ大臣ニ提出スヘシ。志願書ニ添附スヘキ書類左ノ如シ。

イ　文官適任證書。

ロ　自筆ノ履歴書。

ハ　行狀證明書。

ニ　財政上不始末ナキコトヲ疏明スル書面。

二　志願者ノ採否ハ通例、本人ヲシテ大臣ノ指定シタル大監獄ニ於テ三月間無給見習ヲ爲サシメタル上其成績ニ依リ之ヲ決ス。

三　志願者ハ見習期間中一定ノ順序ニ從ヒ各科ノ監獄事務ニ從事セシム。

四　見習者ノ手ニ成リタル試作品ハ監獄長之ヲ審査シ、之ニ對スル自已ノ意見書及ヒ見習者ノ健康狀態ニ關スル監獄醫ノ鑑定書ヲ添ヘ監督官廳ニ之ヲ送付スヘシ。　監獄長ノ意見書ニハ本人ノ技能殊ニ在監者ニ對スル鑑識ノ當否ヲ摘示シ且執務ノ模樣及ヒ人物ノ適否ヲ記述スヘシ。

五　縣事務官ハ監獄巡閱ノ際見習者ノ普通敎育及ヒ專門敎育ノ程度ヲ調査シ之ニ關スル意見書ヲ提出スヘシ。

六　見習者ノ試作品、縣事務官、監獄長及ヒ監獄醫ノ意見書ハ志願者ノ適否ニ關スル監督官廳ノ報告書ト共ニ之ヲ大臣ニ提出シ大臣ハ之ニ依リテ採否ヲ決定ス。

七　缺員アルトキハ候補者ヲ六月間試補トシテ勤務セシム。　候補者ノ人物考査表ハ速ニ之ヲ大臣ニ提出スヘシ。

八　大臣ハ試補勤務ノ終了前、監督官廳ノ上申ニ依リ候補者ヲ助手トシテ採用スルカ又ハ高級官吏トシテ任命スヘキカヲ決定ス。　監獄長ハ遲滯ナク詳細ノ報告書ヲ監督官廳ニ提出スヘシ。

女監長

第五十一條　女監長ハ三十五歳乃至四十五歳ノ相當身分アル寡婦ノ中ヨリ之ヲ採用スルヲ通則トス。女監長ハ書記トシテ又ハ少クモ三月間無給見習者トシテ勤務シ適任ノ證明ヲ得タル者ナルコトヲ要ス。

女書記

第五十二條　女書記ハ二十五歳乃至三十五歳ニシテ高等女學校卒業程度ノ普通敎育ヲ受ケ、商業學校若クハ女子師範學校ニ在學シ又ハ其他ノ方法ニ依リ補習敎育ヲ受ケ且三月間無給見習勤務ニ依リ適任ノ證明ヲ得タル者ニ限リ之ヲ採用ス。

乙　下級官吏

下級官吏ノ任用資格

第五十三條

一　男性下級官吏ハ千八百八十二年九月十日ノ文官適任證書ヲ有スル下士ヲ屬官及ヒ下級官吏ニ採用スル規則並ニ之ニ關スル施行規則ニ基キ下士ニシテ文官適任證書ヲ有スル者ノ中ヨリ之ヲ採用ス。

其一　看守

二　看守志願者ハ左ノ資格ヲ有スルモノナルコトヲ要ス。

イ　健全强壯ニシテ敏捷ナルコト。

ロ　年齡二十五歲以上三十五歲以下ナルコト。

ハ　二年間兵役ニ就キ其義務ヲ完了シタルコト。

ニ　完全ニ小學敎育ヲ終ヘタルコト。

三　看守ノ內一部分ハ相當ノ素養アル職工即チ左官、指物工、大工、鐵葉工、錠前工、靴工、裁縫工、園藝、土工等ノ素養アル者ヨリ之ヲ任用スルコトヲ要ス。若シ看守中ニ手工其他ノ專門技藝ノ素養アル者ナキトキハ其缺員ハ是等ノ素養アル志願者ヲ以テ之ヲ補充スヘシ。文官適任證書ヲ有スル下士ニシテ如上ノ素養アル者ニ看守志願者ナキトキハ手工ノ素養アル看守ノ必要人員ヲ補充スル爲メ所要人員ノ四分ノ一ニ達スルマテハ適任證書ヲ有セサル者ヲ選拔スルコトヲ得。病監擔當看守ハ看護下士、若シ之ナキトキハ看護事務ノ素養アル者ヨリ之ヲ採用シ、精神病監擔當看守ハ特ニ精神病者看護事務ノ素養アル者ヨリ之ヲ採用ス。

其二　用度係及ヒ看守長

四　用度係及ヒ看守長ハ成ルヘク看守中ノ成績特ニ優等ナル者ヨリ之ヲ選拔スヘシ。監獄長ハ毎年調製スル所ノ年報ニ用度係又ハ看守長適任ト認ムル看守ノ氏名表ヲ添ヘ監督官廳ニ之ヲ提出スヘシ。

其三　機關手

五　機關手ノ志願者ハ蒸氣機關及ヒ中央煖房具ノ操縱及ヒ修理ノ技能ヲ證明スルコトヲ要ス。

其四　作業係

六　作業係ノ志願者ハ建造物ヲ監視シ、建築技師ノ命令ニ從ヒ建造物ノ修繕及ヒ其實行ヲ指揮スル技能アルコトヲ要ス。作業係ハ工手學校ヲ卒業シタル建築工手ノ中ニ就キ之ヲ選拔スヘシ。

七　志願者ノ能力ニ付テハ郡建築技師ノ意見ヲ聽キ尙ホ其採用前縣建築技師ノ意見ヲモ聽クヘシ。

其五　女看守

八　女看守ハ年齡二十五歲以上三十五歲以下ニシテ身體强壯、小學敎育ヲ終ヘ且品行方正ナル未婚者又ハ寡婦ノ中ヨリ之ヲ採用ス。女看守ニハ內國傳道會社ノ女看守養成所ニ於テ敎育ヲ受ケタル者ヲ最先ニ選拔スヘシ。

第五十四條

一　下級官吏ノ志願書ハ監督官廳又ハ就職ヲ希望スル監獄ノ監獄長ニ之ヲ提出スヘキモノトス。

二　志願書ニハ左ノ書面ヲ添附スヘシ。

イ　自筆ノ履歷書。

ロ　文官適任證書。

八　軍隊若クハ市町村警察ノ行狀證明書竝ニ前職中ノ成績證明書。

二　財政上不始末ナキコトヲ疏明スル書面。

三　志願者ニ對シテハ就職希望地ノ監獄長ニ面會シ且監獄醫ノ健康診斷ヲ受クヘキ旨ヲ要求スルコトヲ得。

四　志願者ハ六月間見習勤務ニ從事シ、自已ノ希望スル部面ニ於テ諸般ノ事務ヲ執リ且事務ノ教習ヲ受クヘキモノトス。　六月ヲ經過シタル後監獄長ハ健康狀態ニ關スル監獄醫ノ鑑定書ヲ添附シ任用ノ適否ヲ監督官廳ニ上申ス。　病監勤務ノ志願者ニ付テハ看護事務ノ技能アルヤ否ニ關スル監獄醫ノ意見ヲ添附スヘシ。

第三節　通則

財產關係

第五十五條　各官吏ハ任命ヲ受クル前自已ノ財產關係ヲ詳細ニ申述スル職責ヲ有ス。　其申述虛僞ナルコト後ニ至リ判明スルトキハ懲戒處分ヲ受ク

終身官トシテノ任命ト豫告ニ依ル解職附條件ヲ附シタル任命

ヘキモノトス。

第五十六條

一　高級官吏(監獄醫、兼務ノ教誨師及ヒ教師ヲ除ク)、用度係、看守長、女用度係及ヒ女看守長ハ一定ノ見習期間ヲ經過シタル後終身官トシテ之ヲ任命ス。

二　機關手、作業係、女作業係並ニ豫算定員三分ノ二ノ看守及女看守ハ五年以上監獄事務ニ優良ノ成績ヲ擧ケタル者ニ限リ終身官ト爲スコトヲ得。其他ノ看守及ヒ女下級官吏ハ三月前ノ豫告ニ依ル解職條件ヲ附シテ之ヲ任命ス。　兼務官吏ニ付テハ契約ヲ以テ特別ノ豫告期間ヲ定ム但其期間ハ三月ヲ超ヘサルヲ通則トス。

三　女性官吏ニ對シテハ任命ノ際本人カ將來婚姻ヲ爲ストキハ結婚ノ月ノ屬スル四分年期ノ終了ト共ニ監獄ノ豫告ナクシテ當然解職セラルヘキ旨ノ條件ヲ留保スヘシ。

補助吏員

第五十七條
一　常置補助吏員竝ニ高級官吏ノ臨時代理者ハ大臣ノ認可ヲ得タルトキニ限リ之ヲ採用スルコトヲ得。
二　左ノ場合ニ於テハ監獄長ハ一時限リ補助看守及ヒ女補助看守ヲ採用スルコトヲ得。補助看守及ヒ女補助看守ニハ千八百七十六年七月二十一日ノ訓令ニ依リ監督官廳ニ於テ定ムヘキ日給ヲ給ス。
イ　下級官吏ノ疾病缺勤ニ依リ其代理者ヲ要スル場合。
ロ　特別ノ事故ヲ生シタル場合、但監督官廳ノ事後承認ヲ得ルコトヲ要ス。
ハ　農作ノ事務又ハ作業經營ノ必要上大臣ノ認可ヲ得タル場合。
三　補助吏員ヲ採用スルニハ必ス何時ニテモ解職シ得ル條件ヲ附スルコトヲ要ス。

辭令書

第五十八條　豫算ニ基キ任用スル高級官吏ニハ總テ一定ノ印璽ヲ捺シタル

辭令書ヲ交付ス。下級官吏ニハ之ヲ交付セス。

職務上ノ宣誓

第五十九條

一 各官吏及ヒ補助吏員ニシテ曾テ普國官吏ノ宣誓ヲ爲サヽル者ハ就職ノ際宣誓ヲ爲スヘキモノトス。監獄長、新敎ニ屬スル敎誨師及ヒ監獄醫ハ縣事務官ノ面前ニ於テ、舊敎ニ屬スル敎誨師ハ縣事務官立會ノ上宗務《エルツペリー》官《スチル》ノ面前ニ於テ、高級官吏、敎師及ヒ下級官吏ハ監獄長ノ面前ニ於テ宣誓ヲ爲スヘキモノトス。

二 宣誓ニ付テハ調書ヲ作成シ宣誓者、宣誓立會者、調書作成者之ニ署名シ其調書ハ之ヲ官吏身分帳ニ編綴スヘシ。

官等

第六十條 典獄及ヒ敎誨師ハ地方官廳ノ高等官第五級ノ官等、理事(理事長)、書記、女監長、女書記ハ地方廳ノ判任官ノ官等ヲ有スルモノトス。

制服

第六十一條

一 典獄及ヒ理事ハ制服ヲ着用スル權利ヲ有スルモ其義務ヲ負ハス。下級官吏ハ執務ノ際必ラス制服ヲ着用スルノ義務ヲ負フ。
二　官吏ハ自費ヲ以テ制服ヲ調製スヘキモノトス。制服ハ常ニ齊整ニシテ清潔ナルコトヲ要ス。看守ニハ佩劍及ヒ銃器ヲ交付ス。夜勤門衞又ハ外役勤務ニ從事スル看守及ヒ女看守ニハ外套ヲ交付ス。

俸給及報酬

第六十二條

一　官吏ハ其地位ニ相當スル法定ノ俸給ヲ受ケ、退職後ハ法定ノ恩給ヲ受ク。
二　兼務官吏ノ報酬ハ各場合ニ於テ特ニ之ヲ定ム。
三　勤務部署ノ定ナキ下級官吏ハ見習トシテ之ヲ任用シ、其地位ニ相當スル俸給ノ最下級ヲ給ス。前段ノ官吏ニハ居住ノ自由ヲ許シ宿料ヲ給セス又ハ地方一般ノ標準ニ依リ借家料ヲ給ス。
四　繼續的ニ雇入レタル補助吏員ニハ每週其報酬ヲ前拂シ一時的雇入ノ者ニハ每月若クハ每週其報酬ヲ後拂ス。

五　補助吏員ハ千八百九十九年七月十三日ノ法律ニ依リ負擔ヲ免除セラレタル者ニ非サル限リ疾病及ヒ癈疾保險ニ關スル法定負擔額ヲ支辨スヘキモノトス。補助吏員カ法律ノ規定ニ依リ疾病保險ニ附セラレサル者ナルトキハ千九百三年十二月四日ノ閣令ヲ適用ス。

六　俸給及ヒ報酬ハ一定ノ豫算科目ヨリ之ヲ支出ス。特ニ作業農業若クハ營繕工事ノ必要ニ依リ採用シタル補助吏員ノ報酬ハ當該科目ヨリ之ヲ支出ス。

第六十三條

一　下級官吏ニハ俸給ノ外尚ホ手當ヲ給ス。執務ノ範圍及ヒ性質ニ依リ特ニ多大ノ危險ヲ冒シ、重大ナル責任ヲ負ヒ且困難ナル職務（例之、精神病區、病監、幼年部、中央看守所ニ於ケル勤務）ニ從事スル者ニハ他ニ比シ多額ノ手當ヲ給スヘシ。其他官舍ヲ有セス又ハ宿料ヲ超過シタル借家賃ヲ拂フノ止ムヲ得サル事情アル看守等ニ付テモ亦手當ノ給與上此等ノ事情ヲ斟酌スヘシ。

二　大臣ハ各監獄每ニ手當ヲ受クヘキ者ノ員數及ヒ金額ヲ定メ監督官廳ハ一年每ニ手當ヲ給スヘキ官吏及ヒ其職務ノ性質ヲ指定ス。

三　手當ハ在職中ニ限リ之ヲ給與シ且何時ニテモ之ヲ取消スコトヲ得ヘキモノトス。又手當ニ付テハ恩給ヲ計算セス。上記ノ制限ハ手當給與ノ辭令中ニ之ヲ明示スヘシ。

旅費及ヒ日當

第六十四條

一　公務旅行中ハ法定ノ旅費及ヒ日當ヲ給與ス(千八百九十七年六月二十一日ノ法律)但本條第二項ノ場合ハ此限ニ在ラス。

二　監外ノ作業ニ就ク在監者ヲ監視スル官吏ニハ千八百九十八年四月十八日ノ勅令ニ依リ一定ノ報酬ヲ給ス。

懲戒罰

第六十五條

一　職務ノ執行ヲ怠リ又ハ職務上ノ義務ニ違反シタル官吏ハ千八百五十

二年七月二十一日ノ懲戒法ニ依リ懲戒處分ヲ受クルモノトス。

二　懲戒處分ハ紀律罰、轉職及ヒ免官トス。

紀律罰ハ左ノ如シ。

イ　訓戒。

ロ　譴責。

ハ　俸給一箇月以内ノ罰俸。

三　懲戒處分ニ付テハ其事實ヲ官吏ノ身分帳簿中ニ記入スヘシ。　官吏ハ懲戒處分ニ對シ訴願ノ權利ヲ有ス。

四　監獄長ハ高級官吏、敎師及下級官吏ニ對シ訓戒、譴責、九「マルク」以下ノ罰俸ヲ科スルコトヲ得。

五　前項ノ場合ヲ除ク外懲罰ニ付テハ監獄長ハ事實ノ說明ヲ記載シタル陳述書ヲ作リ、調査記錄ヲ添ヘテ之ヲ監督官廳ニ提出シ其處分ヲ申請スヘシ。

六　高級官吏ハ下級官吏ニ對シ囚人ノ面前ニ於テ非難又ハ譴責ヲ加フヘカラス。

第二章　拘禁ノ種類

懲役（第一條ノ二）

第六十六條

一　懲役囚ニハ懲役監ニ於テ施行スル作業ヲ課ス。又懲役囚ハ之ヲ外役ニ就カシムルコトヲ得。作業ヲ課スルニハ本人ノ健康狀態、技能及ヒ將來ノ生計ヲ斟酌スヘシ。一日ノ就業時間ハ十二時間以下トス。

二　作業收入ノ內ヨリ作業賞與金トシテ就業一日ニ對シ二十「フエンニヒ」以下ヲ給與スルコトヲ得。

三　懲役囚ニハ獄衣ヲ着用セシム。其上衣ハ鳶色トス。男囚ニハ頭髮ヲ短薙シ鬚髯ヲ剃除セシム但刑期滿了前六月ニ至リタルトキハ頭髮及ヒ鬚髯ヲ貯存セシムルコトヲ得。女囚ニハ監獄醫カ健康上必要ト認メタルトキニ限リ頭髮ヲ短薙セシム。

四　懲役囚ニハ通則トシテ三月間ニ一回親族ヨリ訪問及ヒ信書ヲ受ケ又親族ニ對シ一通ノ信書ヲ發送スルコトヲ許ス。除外例ハ監獄長之ヲ定ム。書信及ヒ接見ハ監獄ノ監視ヲ受クルモノトス。

五　懲役囚ニ對シテハ監內規程ニ定メタル總テノ懲罰ヲ適用スルコトヲ得。

第六十七條

一　禁錮囚ハ監獄ヨリ課セラレタル作業ニ就ク義務ヲ負フ。幼年囚（第八十四條）ヲ除ク他ノ男禁錮囚ハ本人ノ承諾アルトキニ限リ監獄構外ノ作業ニ就カシムルコトヲ得。承諾ハ書面ニ之ヲ記載スヘシ。承諾ノ上指定セラレタル作業ニ付テハ特別ノ事情ニ因リ變更ノ必要ヲ生セサル限リ其承諾ヲ取消スコトヲ許サス。女囚ハ千九百年七月三十日ノ訓令ノ規定ニ依リテノミ之ヲ外役ニ就カシムルコトヲ得。

二　作業ヲ課スルニハ本人ノ健康狀態、技能、敎育ノ程度、職業ノ關係及ヒ將來ノ生計ヲ斟酌スルコトヲ要ス。
三　公權ヲ有シ從前懲役刑ノ執行ヲ受ケタルコトナキ禁錮囚ニハ監督官廳ノ認可ヲ得タル上例外トシテ自營作業（第百四十四條）ヲ許スコトヲ得。自營作業ハ監獄ニ於テ施設スル作業カ本人ノ敎育ノ程度及ヒ職業關係ニ適當セス而カモ他ニ適當ノ作業ヲ施設スルコト能ハサル場合ニ限リ本人ノ申請ニ依リ之ヲ許スモノトス。
四　一日ノ就業時間ハ十一時間以下トス。
五　作業收入ノ內ヨリ作業賞與金トシテ就業一日ニ對シ三十「フエンニヒ」以下ヲ給與スルコトヲ得。
六　禁錮囚ニハ通則トシテ每月一回親族ノ訪問及ヒ信書ヲ受ケ、親族ニ對シ一通ノ信書ヲ發送スルコトヲ許ス。除外例ハ監獄長之ヲ定ム。書信及ヒ接見ハ監獄ノ監視ヲ受クルモノトス。

七　禁錮囚ニハ懲戒罰トシテ笞罰ヲ適用スルコトヲ許サス。

八　禁錮囚ニハ獄衣ヲ着用セシム。上衣ハ鼠色トス。頭髮及ヒ鬚髯ハ不潔又ハ不穩當ト認ムヘキトキニ限リ之ヲ變形セシム。

九　公權ヲ有スル禁錮囚ニシテ從前懲役又ハ公權喪失ノ刑ニ該ルヘキ罪ニ依リ處斷セラレタルコトナク且受刑前最近十年間ニ於テ懲役、公權喪失ヲ附加シタル禁錮又ハ重拘留ノ執行ヲ受ケタルコトナキ者ニハ其申請ニ依リ監獄長ハ除外例トシテ本人自辨ノ衣服、肌衣類及ヒ臥具用品(第百三十三條)ノ使用ヲ許可スルコトヲ得。其他監獄醫ニ於テ囚人ノ健康ヲ維持スル爲メ一定ノ給與食以外ノ食料ヲ必要ト認メタルトキハ糧食ノ自辨(第百三十五條)ヲ許可スルコトヲ得。

十　監獄長ハ公權ヲ有スル禁錮囚ニ對シ監督官廳ニ於テ定ムル賠償金ヲ支辨セシメ監房其他備品類ヲ掃除スル義務ヲ免除スルコトヲ得。

拘留

第六十八條

イ　輕拘留（刑法第十八條）

一　輕拘留囚ニハ作業ヲ强制スルコトヲ得ス。然レトモ居房ノ掃除及ヒ房内ノ整理ハ本人ヲシテ之ヲ爲サシムヘシ。

二　輕拘留囚ハ自營作業（第百四十四條）ニ就キ又ハ監獄ニ於テ施行スル作業ニ就クコトヲ得。請願ニ依リ作業ヲ課シタルトキハ其作業ニ付テハ禁錮囚ノ作業及ヒ作業賞與金ニ關スル規程ヲ適用ス。

三　輕拘留囚ニハ其請願ニ依リ糧食ノ自辨ヲ許可ス（第百三十五條）。糧食ノ自辨ヲ請願セス又ハ之ヲ禁止セラレタル者ニハ禁錮囚ト同一ノ糧食ヲ給ス。

四　輕拘留囚ニハ自給ノ被服、襯衣及ヒ臥具ノ使用ヲ許ス、但其品質數量ハ需用ヲ充スニ足リ且齊整ニシテ相當ナルコトヲ要ス。頭髮及ヒ鬚髯ハ不潔又ハ不穩當ト認ムヘキトキニ限リ之ヲ變形セシム。輕拘留囚ニハ自己ノ書籍及ヒ雜誌類ヲ看讀スルコトヲ許ス、但其內容ニ於テ不都合ナ

執行罰タル拘留、秩序罰、營倉、懲戒拘留（第一條乙第一項（ハ）乃至（ヘ））

キモノニ限ル。

五　重屏禁、施械及ヒ笞罰ハ懲罰トシテ輕拘留囚ニ之ヲ適用スルコトヲ許サス。

六　右ノ外輕拘留囚ハ禁錮囚ニ準シテ之ヲ處遇ス。特ニ輕拘留囚ニハ第六十七條第十項ノ優遇ヲ與フルコトヲ得。

ロ　重拘留（刑法第三百六十一條第三號乃至第八號）

七　重拘留ノ受刑者ハ禁錮囚ニ準シ之ヲ處遇ス。重拘留囚ニハ其意思ニ反スルトキト雖モ本人ノ技能及ヒ境遇ニ適シタル作業ヲ課シ且外役ニ就カシムルコトヲ得、但外役ニ就カシムルトキハ自由勞働者ト分隔スヘキモノトス

第六十九條

ハ　其他ノ拘留

一　執行罰タル拘留及ヒ秩序罰（民事囚）軍事拘留及ヒ懲戒拘留ニ處セラレ

タル者ハ輕拘留囚ト同一ニ之ヲ處遇ス。民事囚ノ信書及接見ハ監視ヲ用キス

二　前項ノ囚人ニモ亦第六十七條末項ノ優遇ヲ與フルコトヲ得。優遇ヲ濫用シタル事實アルトキハ監獄長ハ之ヲ禁止スルコトヲ得。

三　營倉ハ軍律ニ從ッテ之ヲ執行ス。

未決勾留
假逮捕（第一條乙第二項（い）（る））

第七十條

一　刑事被告人ハ刑ノ執行ヲ受クル者ニ非ス。故ニ審理ノ目的ヲ遂ケ監獄ノ秩序ヲ全フスル爲メ必要ノ存スル範圍内ニ非サレハ本人ノ自由ヲ制限セサル樣注意スルコトヲ要ス。刑事被告人ハ受刑者ト同一ノ場所ニ拘禁スルコトヲ許サス。

二　拘禁ノ目的ニ背馳セス且監獄ノ安寧秩序ヲ害セサル限リ刑事被告人ニハ其身分ト資産トニ應シ自費ヲ以テ諸般ノ便宜ヲ得且相當ノ作業ニ就クコトヲ許ス。施械ハ人格上特ニ危險ノ虞アルトキ若クハ他人ノ身

體ヲ保全スル爲メ必要ト認メタルトキ又ハ自殺逃走ヲ企テ若クハ其豫備ヲ爲シタルトキニノミ之ヲ行フコトヲ得。公判ノ際ニハ施械ヲ行フコトヲ得ス。刑事被告人ニハ自辨ノ被服及ヒ襯衣ノ使用ヲ許ス、但其品質數量ハ需用ヲ充スニ足リ且清潔ニシテ相當ナルコトヲ要ス。自衣ヲ着用セサル刑事被告人ニハ被服規程ニ定メタル獄衣ヲ着用セシム。

三 豫審判事ノ請求アルトキハ刑事被告人ヲシテ逮捕ノ當時着用セシ自衣ノ儘出廷セシムヘシ。頭髮及ヒ鬚髯ハ豫審判事ノ認可ヲ受ケ且不潔又ハ不相當ト認ムヘキトキニ非サレハ之ヲ變形セシムルコトヲ得ス。

四 刑事被告人ニ對シ就業、糧食ノ自辨(第百三十五條)及ヒ增加糧食ノ購求(第百三十六條第三項)ヲ許スヤ否ハ判事之ヲ定ム。右ノ外刑事被告人ニハ輕拘留囚ニ對スル作業ノ規定ヲ適用ス。

五 假逮捕者ハ刑事被告人ト同一ニ之ヲ處遇ス。

六 刑事被告人ニ對シ第六十七條末項ノ優遇ヲ與フヘキヤ否ニ付テハ豫

審判事之ヲ定ム。

第三章　拘禁法

第一節　獨居拘禁

獨居拘禁ノ本質

第七十一條

一　獨居拘禁トハ晝夜ヲ通シ在監者ヲ閉鎖シタル分房內ニ獨居セシメ言語、文書、符號、相圖等ヲ以テ他ノ在監者ト互ニ交通スルコトヲ遮斷スルニ依テ爲ス拘禁法ヲ謂フ。獨居拘禁ニ付シタル在監者ハ裁判所、監獄ノ事務所、運動場、敎誨堂、敎場、醫務所又ハ接見所ニ送ル場合ヲ除ク外監獄長ノ認可アルニ非サレハ之ヲ出房セシムルコトヲ得サルモノトス。

二　在監者ハ官吏及ヒ監獄長ノ許可ヲ得タル一私人ヲ除ク外他人ト交通スルコトヲ得ス。

三　獨居拘禁ニ付セラレタル者ハ監房外ニ於テモ他ノ在監者又ハ監獄長

ノ許可ヲ得サル外來人ト接觸セシメサル樣注意スヘシ。

獨居拘禁ノ適用

第七十二條

一 獨居拘禁ニ付スヘキ者ハ左ノ如シ。

イ 刑事被告人、但裁判官ニ於テ特別ノ命令ヲ發シタルトキハ此限ニ在ラス。

ロ 輕拘留、民事拘留、軍事拘留及懲戒拘留ニ處セラレタル者。

二 懲役、禁錮及ヒ重拘留ノ執行ニ付テハ左ノ者ヲ先ニス。

イ 刑期三月以下ノ者。

ロ 年齡二十五歲以下ノ者。

ハ 先ニ懲役、禁錮又ハ重拘留ノ執行ヲ受ケタルコトナキ者。

三 其他ノ囚人ト雖モ事情ノ許ス限リ少クモ入監後當分ノ內ハ之ヲ獨居拘禁ニ付スヘシ。不良囚又ハ危險囚ハ前記ノ條件ヲ具ヘサルモ紀律維持ノ必要ニ依リ之ヲ獨居拘禁ニ付スルコトヲ得、但第一項及ヒ第二項ノ規定ヲ實施シテ尙ホ分房ニ餘裕アル場合ニ限ル。

四　獨居拘禁ハ其執行ニ因リ在監者ノ精神又ハ身體ニ危害ヲ生スヘキ虞アルトキハ之ヲ適用セス。此件ニ付テハ醫師ノ意見ヲ聽キ其鑑定書ヲ記錄ニ存置スヘシ。

分房訪問

第七十三條　監獄官吏ハ每日數回獨居拘禁ニ付セラレタル者ヲ其分房ニ訪問スヘシ。官吏ハ訪問ノ機會ヲ利用シテ在監者ノ人格及ヒ境遇ヲ知悉シ且談話及ヒ訓戒ニ依テ本人ノ感化矯正ヲ圖ルヘシ。監獄長、女監長、敎誨師、監獄醫、敎師及ヒ女敎師ハ少クモ每月一回分房囚ヲ訪問スヘシ。其他ノ高級官吏ノ爲スヘキ分房訪問ノ度數ハ各監獄ノ事情ト官吏及ヒ分房ノ數ヲ斟酌シ監督官廳ニ於テ之ヲ定ム。高級官吏ノ分房訪問ハ成ルヘク均一ノ中間時ヲ隔テ少クモ一週間一回訪問ヲ實施セシムル方法ニ依リ監獄長之ヲ定ム。各高級官吏ハ分房ヲ訪問シタル際自ラ見聞シタル事實ヲ記述スル爲メ帳簿ヲ備フヘシ（分房訪問簿）。監獄長ハ每月此帳簿ヲ檢閲シ不規則又ハ怠慢ノ事蹟アルトキハ其矯正ニ努ムヘシ。縣事務官巡閲ノ際ニハ此帳簿ヲ檢閲ニ供スヘシ。

分房訪問ニ付テノ報告

第七十四條　高級官吏ハ分房訪問ノ際視察シタル事項ヲ監獄官會議ニ報告スヘシ。特ニ獨居拘禁ノ繼續カ在監者ノ健康ニ障害ヲ及ホス虞アリト思料スルトキハ必ス其所見ヲ開示スヘキモノトス。

女性在監者ニ對スル分房訪問

第七十五條　男性官吏ハ監獄長、監獄醫及ヒ敎誨師ニ限リ女性在監者ニ對シ分房訪問ヲ爲スヘキモノトス、但訪問ノ際ハ監房ノ戶ヲ開放シ且女性官吏ヲ監房前ノ廊下ニ立會セシムヘシ。

刑事被告人ニ對スル分房訪問

第七十六條　裁判官ハ刑事被告人ニ對スル分房訪問ヲ禁止スルコトヲ得。

分房監獄ニ於ケル獨居拘禁

第七十七條　分房監獄ニ於テハ刑期一年以下ノ者ニ對シテハ刑期ノ全部ヲ獨居拘禁ニ依リ執行スルヲ通則トス。其一年以上ニ亘ル者ニ付テハ少クモ刑期一年マテハ獨居拘禁ヲ執行スヘシ。

獨居及ヒ雜居ヲ併

第七十八條　分房ノ數ニ餘裕アルトキハ年長ニシテ且前科ヲ有スル四人ニ

合スル監獄ニ於ケル獨居拘禁

對シテモ獨居拘禁ヲ以テ執行ヲ開始スヘシ。獨居拘禁ヲ何時迄延長スヘキヤハ各監獄ノ事情ニ依リ監督官廳之ヲ定ム。

獨居拘禁ノ期間

第七十九條

一　獨居拘禁ノ期間ハ一個ノ刑ノ執行中本人ノ承諾ナクシテ三年ヲ超ユルコトヲ得ス（刑法第二十二條）。三年以上ニ亘リ獨居拘禁ヲ繼續スル場合ニハ本人ノ承諾ヲ調書ニ錄取シテ之ヲ明確ニスヘシ。此陳述ハ六月間其效力ヲ有ス。

二　十八歳未滿ノ在監者ハ監督官廳ノ同意ナクシテ三月以上獨居拘禁ニ付スルコトヲ許サス。監獄官會議ニ於テ監獄醫參加ノ上、十八歳未滿ノ在監者ニ對シ三月以上ニ亘リテ獨居拘禁ヲ繼續スルモ本人ノ精神上竝ニ肉體上ノ健康ニ障害ヲ及ホス虞ナシト決議シタルトキハ其都度獨居拘禁繼續ノ認可ヲ申請スヘシ。此申請ニハ監獄官會議ノ決議書ノ謄本ヲ添附スヘシ。刑事被告人ノ獨居拘禁ヲ解ク時機ハ豫審判事之ヲ定ム。

第二節　雜居拘禁

雜居拘禁ノ本質

第八十條

一　雜居拘禁トハ多數ノ囚人ヲ一所ニ集合シ、嚴重ニシテ間斷ナキ監視ノ下ニ成ルヘク各囚相互ノ交通ヲ制止スルニ依リテ爲ス拘禁法ヲ謂フ。各囚相互ノ間ニ於ケル交談ハ作業上必要アルトキニ限リ之ヲ許ス。權能ナキ一私人トノ交通ハ絕對ニ之ヲ防止スヘキモノトス。

二　在監者カ就業時間中分房ノ外ニ出役スルトキハ其他ノ時間分房ニ在ルモ之ヲ雜居拘禁ニ付セラレタルモノト同視ス。間斷ナク監視人ヲ附スルコトナクシテ二人ヲ同居セシムルコトハ疾病ノ場合ヲ除ク外之ヲ禁ス。無期刑ニ處セラレタル在監者ニハ如何ナル場合ト雖モ間斷ナク監視人ヲ附スヘシ。

三　夜間ハ在監者ヲ成ルヘク夜間分房及ヒ寢臺《シユクーフコイエ》ニ配置スヘシ。雜居寢房ニハ夜間燈火ヲ用ヰ且之ヲ監視スルコトヲ要ス。夜間分房ニ配置セラレタル在監者ハ喫飯時竝ニ日曜日祭日ニハ其室内ニ留マルモノトス。

夜間分房及ヒ寢臺

第八十一條　夜間分房及ヒ寢臺ハ殊ニ年少ニシテ墮落ノ程度甚シカラサル者ノ爲メ之ヲ充用スルト共ニ他ノ一面ニ於テハ殊ニ危險ニシテ紀律ヲ害スル虞アル囚人ヲ之ニ收容スヘキモノトス。

第三節　囚人ノ分隔

男女ヲ收容スル監獄

第八十二條　男女ノ在監者ヲ收容スル監獄ニ於テハ男女間ノ交通ヲ嚴ニ遮斷スルニ足ル施設ヲ備フルコトヲ要ス。

懲役部

第八十三條

一　現今仍ホ懲役囚ト他種ノ在監者トヲ併セ收容スル監獄ニ在テハ特別ナル懲役區ヲ設ケ懲役囚ト他種ノ在監者トハ全然分隔スルコトヲ要ス。

二　懲役囚ハ教誨堂ニ於テノミ他種ノ在監者ト共ニ集合セシム。然レトモ懲役囚ニハ特ニ隔離シタル場所ヲ指定スルコトヲ要ス。

第八十四條

一　十八歳未滿ノ囚人ノ爲メニハ特別ノ監區ヲ設ケ、幼年囚ト成年囚トノ交通ヲ遮斷スルコトヲ要ス。未成年囚ハ滿二十歳ニ至ルマテ、又滿二十歳ニ至リタル後三月内ニ刑期終了スヘキ者ハ、其殘刑期間仍ホ繼續シテ之ヲ特別監區ニ拘禁スルコトヲ得。幼年囚ノ處遇ニ付テハ主トシテ其敎育ニ着眼スヘシ。

二　幼年區ニ付テハ特別ナル監内規程ヲ設クヘシ。

第八十五條　本則ニ於テ累犯者ト稱スルハ少ナクモ三個ノ自由刑(懲役、禁錮、事後拘留)ノ執行ヲ受ケ、其内ノ一個若クハ數箇ノ刑期カ六月以上ニ亘リタルモノヲ謂フ。累犯者ハ成ルヘク他ノ在監者ト分隔シ、嚴重ニ之ヲ處遇スヘク又累犯者ニハ少ナクモ一年以上善良ナル行狀ヲ持續シタル後ニ非サレハ、規定ノ優遇ヲ與ヘサルモノトス。

病囚

第八十六條　病者及ヒ不具者ニシテ獨居拘禁ニ堪ヘサル者ハ健康囚ト分離スルコトヲ要ス。前段ノ受刑者ニ付テハ監獄醫ノ要求ニ從ヒ本人ノ情狀ヲ勘查シ行刑上相當ノ斟酌ヲ加フヘシ。

刑事被告人

第八十七條

一　共犯ノ關係アル刑事被告人ハ個々ニ之ヲ分隔シ相互ノ交通ヲ杜絶スルコトヲ要ス。

二　多數ノ刑事被告人ヲ收容スル監獄ニ於テハ別棟ノ建物、別翼又ハ別階ヲ特別區ト爲シ、之ヲ以テ刑事被告人ノ收容所ニ充テ且特別ノ監內規程ヲ設クルコトヲ要ス。

第四章　拘禁ノ執行

第一節　收監

入監

第八十八條 入監ハ自告若クハ引致ニ依リテ行ハルルモノトス。自告ニ依ル入監ニ付テハ管轄官廳ヨリ監獄長ニ對シ豫メ自告入監者ノ出頭スヘキ時ヲ報告スヘキモノトス。本人豫定ノ時ニ出頭セサル場合ニ於テハ執行ノ申出ヲ爲シタル官廳ニ對シ其旨ヲ報告スヘシ。

収監條件

第八十九條

一 収監ノ手續ヲ爲スニハ左ノ收監命令書アルコトヲ要ス。

イ 普通囚ニ付テハ檢事局若クハ區裁判所判事ノ發シタル收監命令書、軍事囚ニ付テハ軍裁判所ノ發シタル收監命令書。

ロ 民事囚ニ付テハ判事ノ發シタル收監命令書(囚人カ債權者ノ委任ニ基キ執達吏ニ依リ引渡サルルトキハ拘留命令書)。

ハ 警察囚ニ付テハ警察官廳ノ發シタル收監命令書。

ニ 營倉ニ處セラレタル軍事囚ニ付テハ聯隊司令官ノ發シタル收監命令書。

ホ　懲戒拘留ヲ執行スヘキ者ニ付テハ上級官廳ノ發シタル收監命令書

ヘ　刑事被告人ニ付テハ判事又ハ檢事局ノ發シタル收監命令書。

二　假リニ逮捕セラレタル者ニシテ官公署又ハ警察事務若クハ保安事務ニ從事スル官吏ヨリ引渡サレタルモノニ付テハ收監命令書ナキトキト雖モ收監ノ手續ヲ爲スヘシ。

三　勾留狀、逮捕狀、刑罰執行ノ爲メノ呼出狀ニ基キ又ハ其他ノ事由ニ依リ假收監ヲ爲シタル場合ニ於テハ管轄官廳ニ對シ收監命令書ノ送致ヲ要求スルト共ニ遲滯ナク假收監ノ報告ヲ爲スヘシ。收監後二十四時間以內ニ收監命令書ノ送致ヲ受ケサルトキハ引渡ヲ爲シタル官廳ニ對シ必要ノ場合ニハ電話ヲ以テ收監者ヲ釋放スヘキヤ否ヲ問ヒ合スヘシ。遲クトモ收監ノ翌日ヲ經過スル前引渡ヲ爲シタル官廳ヨリ仍ホ收監命令書ヲ送致セサルトキハ收監者ヲ釋放スヘシ。此場合ニ於テハ其旨ヲ當該官廳ニ開示スヘシ。

入監ヲ拒絶スヘキ者

第九十條　左ノ場合ニ於テハ自告入監者ノ收監ヲ拒絶スヘシ。
一　本人ニ對スル收監命令書カ到達セサルトキ。
二　本人カ不潔若クハ泥醉ノ狀態ニ在リ又ハ癩病中ノ者ナルトキ。
三　拘禁區分ノ規定ニ依リ當該監獄ニ屬セサルトキ。
四　乳兒ヲ携帶シ又ハ姙娠七月以上ニ亘ル婦女ナルトキ但判事若クハ檢事ニ於テ如上ノ事情アルニ拘ハラス刑ノ執行ヲ要求シタル場合ハ此限ニ在ラス。

條件附收監者

第九十一條
一　泥醉若クハ不潔ノ狀態ニ於テ送致セラレタル者ハ假ニ之ヲ收監スヘキモノトス。然レトモ送致官吏ノ面前ニ於テ其事實ヲ明確ニシタル上、送致官廳ニ對シテ異議ヲ述フヘシ。送致官廳ニ於テ異議ヲ採用セサルトキハ監督官廳ニ對シ其旨ヲ申報スヘシ。
二　拘禁區分ノ規定ニ依リ當該監獄ニ屬セサル囚人ノ送致ヲ受ケタル場

合ニ於テハ假リニ其者ヲ收監スヘキモノトス。然レトモ直チニ送致官廳ニ對シ管轄監獄ニ囚人ヲ轉送スヘキ旨ヲ要求シ若クハ無用ノ押送費用ヲ省ク爲メ其儘本人ヲ拘禁シ置クヘキ旨ヲ監督官廳ニ申請スヘシ。男性者ヲ女監ニ、女性者ヲ男監ニ送致シ又ハ懲役囚ニ非サル者ヲ懲役監ニ送致シ來リタル場合ニ於テハ收監ヲ拒絶シ送致官吏ニ對シ正當ナル監獄若クハ警察署ヲ指示スヘシ。

病者ノ收監

第九十二條

一　急性ノ傳染病――痘瘡、猩紅熱、痲疹、發疹窒扶私、赤痢、實布垤利亞、腸窒扶斯、紫斑疹、回歸熱、紫斑疹下痢、亞細亞性虎列刺、ペスト、インフルエンザ、百日咳、格魯布、窒息咳嗽、交換熱、流行性腦脊髓膜炎、產褥熱、傳染性眼炎症、疥癬、鼻疽、狂犬病、脾臟炎――ニ罹リ病中ニ在ル者ハ全癒ノ上其襯衣被服ノ消毒ヲ了ヘタル後ニ非サレハ之ヲ收監スルヲ得ス。

二　其他ノ急性疾患ニ罹リタル者ハ自身監獄ニ出頭シ又ハ普通ノ方法ニ

依リ送致シ得ル程度ニ回復シタル者ニ限リ之ヲ收監スヘシ。

三　慢性的疾患中ニ在ル者ハ本人カ自ラ監獄ニ出頭シ又ハ普通ノ方法ニ依リ送致シ得ル程度ノ者ニ限リ之ヲ收監スヘシ。

四　裁判上ノ審理又ハ刑ノ執行ノ爲メ司法官廳カ未タ全快ニ至ラス又ハ普通ノ方法ニ依リ送致シ難キ病者ノ收監ヲ要求シタル場合ニ於テハ護送ノ爲メ必要ナル防疫上ノ措置ハ裁判醫之ヲ爲シ、監獄ニ於ケル手當ハ監獄醫之ヲ爲スヘシ。

四人ノ兒童

第九十三條

一　囚人ニハ監獄ニ兒童ヲ携帶スルコトヲ許サス。囚人ト共ニ引渡サレタル兒童ハ救護所ニ入場セシムル爲メ市町村警察官廳ニ之ヲ交付スヘシ。

二　乳兒ハ監獄醫ノ鑑定ニ依リ健康ヲ害スルコトナク引離スコトヲ得ルニ至ルマテ母ノ手許ニ差置カシムヘシ(第百五十六條參照)。

收監時

第九十四條　自告入監者ハ平日ニハ午前七時ヨリ午後六時マテ、土曜日及ヒ

受刑囚ニ關スル其他ノ收監條件

祭日ノ前日ニハ正午十二時マテニ限リ收監スルヲ通則トス。刑事被告人及ヒ護送中ノ囚人並ニ假逮捕者ハ時間ノ如何ニ拘ハラス之ヲ收監ス。刑事罰ノ囚人又ハ警察罰ノ囚人カ豫告ナク閉監時以後ニ於テ送致セラレタルトキハ送致官吏カ規定ノ收監命令書（第八十九條）ヲ提示スルニ非サレハ其者ノ收監ヲ拒絶スヘシ。此場合ニ於テハ送致官廳ニ對シ翌朝其旨ヲ通報スヘシ。

第九十五條　受刑囚ヲ監獄ニ送致スルトキハ收監命令書ニ左ノ書類ヲ添附シ又ハ直チニ之ヲ後送スヘキ旨ヲ明示スヘキモノトス。

一　判決主文ノ正本及ヒ確定證明書。

二　本人カ拘禁費用ヲ支出シ能ハサルトキハ貧困證明書、拘留囚ニ付テハ本人無資産ノ報告書。

三　懲役又ハ禁錮ノ受刑者ニ付テハ規定ノ樣式ニ依リテ作成シタル身元調書。

第九十六條

一　刑期五年以上ノ囚人ニハ使用ニ堪ヘ淸潔ニシテ破損セス且出獄後本人ノ所有ニ歸スヘキ衣服ヲ着用セシメテ之ヲ監獄ニ引渡スコトヲ要ス。送致セラレタル新入監者ノ被服不完全ナルトキハ之ヲ司法官廳、監獄又ハ警察官廳ニ返付シテ其代償ヲ要求スヘシ。適當ノ時機ニ代償ヲ受ケサルトキハ監獄ニ於テ相當ノ衣服ヲ購求シ其代金ヲ代償ノ義務アル官廳ヨリ取立ツヘシ。

二　刑期五年以上ノ囚人ニシテ使用ニ堪ユル自衣ヲ所持セサル者ニハ裁判所所屬監獄ノ獄衣ヲ著用セシメテ之ヲ送致スルコトヲ得。其獄衣ハ引渡ヲ受ケタル監獄ヨリ裁判所所屬ノ監獄ニ之ヲ返付スヘシ。

三　軍事囚ハ通常衣ニ代フルニ相當ノ用ニ堪ユル軍服ヲ著用セシメテ之ヲ送致スルコトヲ得。軍服ハ出獄後本人ノ所有ニ歸スヘキモノトス。

四　刑事被告人及ヒ護送中ノ囚人ニ付テハ前各項ノ規定ヲ適用セス。

収監手續

第九十七條
一　書記ハ收監前、新入監者ノ人違ナキヤ否ヲ確定シ且收監條件ノ備ハルヤ否ヲ調査スヘシ。一定ノ年齡ノ限界カ收監條件ニ屬スルトキハ其年齡ノ限界ハ判決確定ノ日ヲ標準トシテ之ヲ定ム。是ニ關シ疑議アルトキハ監獄長ノ決定ヲ求ムヘシ。
二　送致官吏ノ提出スル物品目錄ニ付テハ其誤謬ナキヤ否ヲ調査スヘシ。送致官吏ハ囚人ノ身柄及ヒ携有物件ノ引渡ニ付キ引渡ヲ爲シタル時間ヲ記載シタル書記ノ領收書ヲ受ケ、尙ホ受取證ト引換ニ會計理事ヨリ護送費ヲ受取ルヘキモノトス。囚人ノ携有スル貨幣及ヒ貴重品ハ金庫ニ之ヲ領置スヘシ。信書及ヒ其他ノ書類ハ書記ニ於テ書簡袋ニ之ヲ收メ封緘ノ上用度係ニ交付シ、衣類領置袋ノ中ニ之ヲ保管セシメ、身分帳簿ニ其旨ヲ記載スヘシ。

搜檢及ヒ入浴

第九十八條

一 各新入監者ハ先ツ新入分房ニ之ヲ收容スヘシ。監獄長ハ新入分房ヲ十分ニ設備スル樣注意スルコトヲ要ス。夜間分房、寢臺又ハ雜居監房ノ一區劃ハ新入房トシテ利用スルコトヲ得。新入房ニ不足ヲ生スルトキハ一人ノ看守ヲ附シ新入監者ヲ一個ノ雜居監房ニ收容スルコトヲ得。

二 新入監者ハ入浴及ヒ身體搜檢ノ爲メ一人宛新入房ヨリ引出シテ其手續ヲ爲ス。用度係ハ新入監者ヲシテ必要缺クヘカラサル被服ヲ除ク外他ノ物件ハ一切之ヲ差出サシメ、若シ之ヲ隱匿スルトキハ嚴罰ニ處セラルヘキ旨ヲ指示ス。全身ノ搜檢ヲ終レハ新入監者ヲシテ入浴セシム。新入監者ハ浴場ノ前ニテ著衣ノ全部ヲ脫キ捨テ裸體ノ儘浴場ニ入ラシム。物品包藏ノ疑アル者ニ付テハ身體ノ何レカノ部分ニ應禁物(鋸、鑪、貨幣、時計、指輪ノ類)ヲ隱匿スルヤ否ヲ檢査ス。入浴終レハ囚人ヲシテ獄衣ヲ著用セシム。監內規程ニ依リ(第六十八條乃至第七十條)自衣ノ著用ヲ許スヘキ囚人ニ付テハ本人ノ入浴中嚴密ニ著衣ノ搜檢ヲ行ヒ、應禁物ノ有無ヲ確ムヘシ。若シ入浴ノ時間カ搜檢ヲ爲スニ十分ナラサルトキハ搜檢ノ終ルマテ本人ニ新規ノ獄衣ヲ著用セシム。

三　收監ノ際新入監者ニ害蟲又ハ皮膚病アルコトヲ發見シ又ハ本人自ラ病體ナルコトヲ申告スルトキハ直チニ監獄醫ニ報知シ、清潔及ヒ療養ニ關スル相當ノ手當ヲ爲サシムヘシ。刑事被告人、假逮捕者及ヒ刑期十四日以下ノ受刑者ニ付テハ監獄長ハ入浴及ヒ搜檢ノ手續ヲ省略セシムルコトヲ得、但之レカ爲メ監獄ノ清潔及ヒ衞生上障害ナキコトヲ要ス。更衣ヲ終レハ新入監者ヲ新入房ニ收容ス。囚人ノ入浴及ヒ搜檢ニハ看守ヲ立會ハシムヘシ。其看守ハ成ルヘク病監擔當ノ看守ヲ以テ之ニ充ツヘシ。

四　女囚ハ女用度係(女看守長)及ヒ女看守ノ立會ノ下ニ搜檢及ヒ入浴ヲ爲サシム。男性官吏ハ監獄醫ヲ除ク外之ニ立會スルコトヲ得ス。

五　新入監者ノ入浴及ヒ搜檢ニ付テハ努メテ其廉耻心ヲ害セサルコトニ

注意スヘシ。特ニ多數ノ囚人ヲ一時ニ混浴セシムルコトナキヲ要ス。

六　頭髮ノ處置ニ付テハ本則第六十六條、第六十七條、第六十八條、第七十條ヲ參照スヘシ。

（携帶品ノ處理）

第九十九條

一　用度係ハ新入監者ノ携有衣類及ヒ其他ノ物件ノ種類品目ヲ身分帳簿中ニ綴込ムヘキ携有物件表ニ記入ス。此表ニハ物件ノ評價ヲ附記シ、本人ヲシテ之ニ署名シ、其正確ナルコトヲ承認セシムヘシ。本人署名ヲ拒ムトキハ其旨ヲ監獄長ニ申告スヘシ。監獄長ハ調査ノ上其正確ナルコトヲ認證スヘキモノトス。無價物（襤褸類、酒瓶、煙草、食品等）ハ之ヲ廢棄スヘシ。上衣ハ害蟲其他傳染性疾病ノ黴菌ノ存在セサルヲ確メタル場合ヲ除ク外之ヲ消毒スヘシ。襯衣ノ類ハ之ヲ煮沸澣濯シ、小形ノ物件ハ之ヲ一括シ、全部ヲ取纒メテ衣類袋ニ容レ、倉庫ニ領置スヘシ。衣類袋ニハ獄衣番號ト同一ノ番號ヲ附シ、且在監者ノ氏名ヲ記シタル小札ヲ懸ケ、又其番號ハ身分帳簿ニ綴込ムヘキ衣類表ノ中ニ附記スヘシ。每年少クモ一回領置ノ衣類ヲ檢査シ之ヲ乾燥シ且掃除スヘシ。刑期五年以上ノ囚人ハ監獄長ノ認可ヲ經テ其衣類ヲ親族ニ下渡スコトヲ得。

二　監獄長ノ認可ヲ經テ在監者ニ差入レタル物件ニシテ本人ニ使用ヲ許ササルモノハ前項ト同一ノ方法ニ依リ之ヲ領置スヘシ。

三　用度係及ヒ女用度係ハ在監者ノ所有品ヲ正確ニ保管スル責任ヲ有ス。刑事被告人及ヒ民事囚ニハ其身分ニ相當スル便利品ヲ使用セシムルコトヲ得。

貨幣及ヒ有價物件

第百條

一　囚人ノ携帶シタル貨幣、有價證券及ヒ貴重品ハ本人ニ於テ裁判費用及ヒ拘禁費用ヲ支拂フ義務ナキトキハ本人ノ所有品トシテ之ヲ保管シ、其他ノ場合ニ於テハ會計理事ヨリ刑ノ執行指揮官廳ニ對シ費用簿ノ抄本ヲ添ヘテ報告ヲ為スヘシ。

二　癈兵恩給金、災害年金、監獄ニ於テ得タル作業賞與金、金製ニアラサル懐中時計、結納ノ指輪及ヒ三「マルク」以下ノ貨幣ハ債權執行ノ目的物トシテ之ニ對シ取立處分ヲ爲スコトヲ得サルモノトス、但貨幣ハ他ニ差押フヘキ物件アリテ其旨ヲ刑ノ執行指揮官廳ニ報告スル場合ニハ取立ヲ免カレサルモノトス。

入監時ノ審問

第百一條

一　書記ハ收監ノ當日、遲クトモ其翌日新入監者ヲ呼出シ、收監時ノ審問ヲ爲スヘシ。收監時ノ審問ヲ爲スニハ先ツ本人ニ對シ誠實ニ事實ヲ陳述スヘク若シ之ニ違背スルトキハ懲罰ニ處セラルヘキ旨ヲ懇切ニ諭告シタル上、本人ノ身分關係ヲ訊問スヘシ（護送ノ途中ニ在ル囚人ハ之ヲ除ク）。刑期一月以上ノ者ニ付テハ審問ノ結果ヲ身上表ニ記入シ、且自ラ人相書ヲ作成シ又ハ他ヨリ送致シ來リタル人相書ノ當否ヲ檢査シ必要ト認メタルトキハ之ヲ補正スヘシ。新入監者カ生活ノ本據タル住居ヲ有セサル事情判明スルトキハ最後ニ逮捕セラレタル日及ヒ其場所ヲ確メ之ヲ明記スヘシ。

二　受刑者ニハ刑期ノ計算ヲ告知スヘシ。刑期計算ニ關シ異議ノ申立アルトキハ執行指揮官廳ニ其旨ヲ報告スヘシ。出獄後本人ノ爲メ必要ナル證書類及ヒ小形ノ物件ニシテ現ニ他人ノ手ニ存シ危險ノ狀態ニ在ルモノハ之ヲ取寄スルコトヲ得ヘキ旨本人ニ注意スヘシ。

三　收監時ノ審問ノ終ニハ新入監者ニ監内規程ノ要領ヲ說示シ且其一本ヲ交付スヘシ。

四　刑期一年以上ノ自由刑ヲ執行スヘキ受刑者カ老癈保險法ニ依リ保險ニ附セラレタルモノナルトキハ保險契約ニ因ル權利ヲ喪失スヘキ虞アルコト、任意ニ保險契約ヲ繼續シ得ヘキコト竝ニ之ヲ繼續スルノ有利ナルコトヲ本人ニ說示スヘシ。

身體測定小票ノ作成及ヒ寫眞

第百二條　特ニ危險ノ性ヲ帶ヒ又ハ再犯ノ疑アル囚人ニ付キ「ベルチヨン」式

ノ測定小票ヲ作成スルヤ否ハ王國警察官廳ノ首長之ヲ定メ、撮影ヲ行フヤ否ハ監獄長之ヲ定ム。

在監者名簿身分帳簿

第百三條　一　收監時ノ審問ヲ終リタルトキハ引續キ其囚人ヲ在監者名簿、索引簿及ヒ放免曆簿ニ登錄スヘシ。必要アルトキハ囚人ノ種類ニ依リ各別ニ在監者名簿ヲ調製スヘシ。刑期六月以上ノ囚人ニ付テハ身分帳簿ヲ調製スヘシ。刑期六月未滿ノ短期囚ニ付テハ身分帳簿ヲ省略スルヲ通則トス。身分帳簿ヲ省略シタル場合ニ於テハ送致ニ關スル書類ト收監時ノ審問調書トヲ一括シテ合綴スヘシ。

二　身分帳簿ハ高級官吏ノ回覽ニ供スヘシ。

收監報告

第百四條　收監ノ手續ヲ終リタルトキハ收監命令ヲ發シタル官廳ニ其旨ヲ報告シ且身上表ヲ管轄警察官廳及ヒ宗務署ニ送付シテ其檢閱及ヒ補正ヲ求ムヘシ。刑ノ執行中囚人ニ對シ併合刑又ハ追加刑ノ言渡アリタルトキハ之ニ依リ變更ヲ生シタル刑期ノ計算ヲ管轄執行指揮官廳ニ報告シ、報告濟ノ旨ヲ身分帳簿ニ附記スヘシ。

豫審記錄及ヒ身分帳簿取寄

第百五條

一　在監者ノ處遇ヲ適實ナラシムル爲メ必要アリト認ムルトキハ豫審記錄ノ閲覽ヲ求ムルコトヲ得。監獄長ハ記錄中ノ要項ヲ會議ニ報告シ尚ホ高級官吏ニモ記錄ヲ閲覽セシムヘシ。四人ノ身分關係又ハ其犯情カ特別ノ參考トナルヘキトキハ豫審記錄ノ抄本又ハ判決理由ノ謄本ヲ身分帳簿ノ中ニ合綴スヘシ。

二　入監者カ先ニ六月以上ノ禁錮ノ執行ヲ受ケタル者ナルトキハ其前刑ヲ執行シタル監獄ニ對シ前刑執行中ノ行狀報告ヲ求メ、若シ特ニ參考ト爲ルヘキモノアルトキハ尚ホ其身分帳簿ノ送付ヲ請フヘシ。

三　懲役ノ受刑者先ニ懲役ノ執行ヲ受ケタル者ナルトキハ其前刑ヲ執行シタル監獄ニ對シ身分帳簿ノ送付ヲ求メ之ヲ新ニ調製スヘキ身分帳簿

ニ合綴スヘシ。

（四人ノ兵事關係）

第百六條　一　滿二十歳以上四十歳以下ノ受刑者ニシテ入監當時仍ホ六週間以上ノ自由刑ヲ執行スヘキ責務ヲ有スル者ニ付テハ其兵役關係ヲ調査スヘシ。本人其關係ヲ證明スルコト能ハサルトキハ其旨ヲ本人出生地ノ徵兵事務委員會ノ長ニ報告スヘシ。

二　其他ノ受刑者竝ニ刑事被告人、民事拘留囚及ヒ警察拘留囚ニハ前項ノ規定ヲ適用セス。兵役義務者タル在監者（受刑者、刑事被告人、警察拘留囚及ヒ民事拘留囚）ニ付テハ一月十五日ヨリ二月一日マテノ間ニ於テ兵役義務者名籍原簿ヲ管掌スル徵兵事務委員會ニ對シ獨逸國徵兵令第二十五條ニ依ル屆出ヲ爲スヘシ。此屆出ハ兵役事務官廳ニ於テ兵役義務ニ關シ終局ノ決定ヲ爲スマテ每年之ヲ爲スヘキモノトス。屆出ハ兵役關係證明表ヲ差出スニ依リテ之ヲ爲ス。本表ニハ本人ノ氏名、出生日、出生地、(國、縣、郡)呼出ニ應シ出頭スヘキ場所(第三項參照)、其場所ニハ既ニ屆出ヲ爲シタルヤ否、何故ニ之ヲ爲サヽルヤノ理由及ヒ出獄ノ年月日ヲ掲ク。四人關係書類中ニ最近年度ノ兵役義務者出生證明書及ヒ舊年度ノ兵役義務者抽籤番號證アルトキハ前記ノ證明表ニ之ヲ添附スヘク然ラサル場合ニハ其旨ヲ證明表ニ附記スヘシ。屆先ノ地ハ兵役義務者タル四人カ入監前自己及ヒ其家族ノ生活ノ本據トシテ有セシ最後ノ住居ノ地トシ、之レナキトキハ本人ノ出生地トス。

三　兵役ノ義務アル受刑者及ヒ管轄判事ヨリ兵役義務ニ關シ所轄官廳ニ出頭スルコトヲ承認セラレタル刑事被告人ハ募集管區ニ於テ出頭ノ義務ヲ負フト否トヲ問ハス徵兵檢査日及ヒ召集日ニハ徵兵事務委員會長ノ指定シタル警察其他ノ公務所ニ出頭セシムヘキモノトス。

監獄醫ノ健康診斷

第百七條　收監ノ翌日ニ於テ監獄醫ハ新入監者ノ健康診斷ヲ行フヘシ。健康診斷ノ結果ハ醫事表ニ之ヲ記入シ且身分帳簿ニ本人ノ健康及ヒ勞働能カニ關シ成規ノ記載ヲ爲スヘシ。醫事表ハ監獄長ノ閲覽ニ供シタル後、監獄醫ニ還付シ爾後繼續シテ使用セシメ本人出監後ハ身分帳簿ニ合綴スヘキモノトス。

入監後ノ二日間

第百八條

一　新入監者ハ入監後二日間新入房若クハ獨居房ニ拘禁シテ作業ニ就カシメス。書籍ハ所屬宗派ノ一定セル宗敎書及ヒ監內規程ノ外看讀ヲ許サス。新入監者ハ此間高級官吏ノ訪問ニ接シ、監獄官會議ニ召喚セラレ其席ニ於テ監獄長ヨリ訓戒ヲ受ク。又此間ニ於テ本人ニ對スル拘禁ノ方法(獨居拘禁、雜居拘禁)及ヒ作業ノ種類ヲ決定スヘキモノトス。

二　危險ナル傳染病(虎列刺、窒扶斯等)ノ流行地ヨリ入監シタル者ニ付テハ監獄長ニ於テ監獄醫ノ意見ヲ聽キ長期間之ヲ隔離スヘキコトヲ命スヘシ。

第二節　戒護

通則

第百九條　囚人ノ戒護ハ最モ確實ニ之ヲ施行シ如何ナル方法ヲ以テスル逃走ヲモ之ヲ防止スルコトヲ要ス。過失又ハ故意ヲ以テ囚人ヲ逃走セシメタル官吏ハ懲戒手續又ハ刑事手續ニ依リ處罰セラルヘキモノトス（第四十五條參照）。

閉鎖、鍵

第百十條

一　拘禁ノ場所及ヒ監獄ノ出入口ノ戶ハ確實ニ閉鎖シ置クコトヲ要ス。已ムコトヲ得サル用務ノ爲メ戶扉ヲ開ク必要アルトキハ官吏直近ノ箇所ニ在テ見張ヲ爲スヘシ。構內ニ在ル出入口ノ戶扉ニ用ヰル鍵ハ高級官吏及ヒ職務上屢次出入スル下級官吏ニ限リ之ヲ携帶スルコトヲ許ス。外門ノ鍵ハ日中ハ門衛、夜間ハ夜勤看守ニ限リ之ヲ携帶セシム。請負人ノ授業手ニハ其業務上出入ノ必要アル拘禁ノ場所又ハ物品藏置ノ場所ノ鍵ノミヲ携帯セシム。鍵ハ其種類ノ如何ヲ問ハス決シテ之ヲ囚人ニ委付スヘカラス。

二　官吏、請負人及ヒ其授業手ハ鍵ノ取扱ニ嚴密ノ注意ヲ加ヘ之ヲ紛失セシメ又ハ囚人其他携帯ノ權能ヲ有セサル者ノ手ニ移ラシメサル樣警戒スルコトヲ要ス。鍵ハ官吏、請負人及ヒ其授業手ニ對シ監獄長ノ定メタル官吏ヨリ勤務時間内ニ限リ之ヲ交付シ、勤務終了ノ後ハ再ヒ當該官吏ニ返却セシムヘキモノトス。監獄長及ヒ勤務中ノ高級官吏ニ限リ鍵ヲ自家ニ携帯スルコトヲ得。鍵ハ確實ナル場所ニ於テ下鍵シタル戸棚ノ中ニ藏置シ、一定ノ官吏ヲシテ之ヲ保管セシムヘシ。鍵ノ保管及ヒ出入ノ監督ニ付テハ看守長之カ責ニ任ス。

第百十一條

看守、監視

一　監獄ノ内部ニ於テ一人ノ看守ニ擔當セシムヘキ受持區ハ通例二十人乃至六十人ノ囚人ヲ限度トシテ之ヲ定ムヘシ。監獄ノ内部ニ於ケル一受持區ノ警守ヲ二人ノ看守ニ擔當セシムルコトハ成ルヘク之ヲ避クヘシ。雑居拘禁ニ在テハ一人ノ看守ヲシテ警守セシムヘキ囚人ハ成ルヘク一ノ場所ニ之ヲ集禁スヘシ。若シ囚人ヲ多クノ場所ニ分割配置スル必要アルトキハ各場所ヲ通シテ間斷ナク正確ノ監視ヲ爲スニ便ナラシムル樣構造上相當ノ設備ヲ爲スコトヲ要ス。拘禁ノ場所ニ器具、作業素品又ハ製品等ヲ堆積シ因テ通視ヲ妨クルコトナキヲ要ス。斷エス看守ヲ配置セサル場所ニハ晝間囚人ヲ雑居セシムヘカラス。

二　監獄ニ於テハ非常事變ノ際看守カ他ノ官吏ノ應援ヲ求ムルニ付キ有用ナル施設ヲ備フルコトヲ要ス。

三　構外ニ於テハ一人ノ看守ニ監視ヲ擔當セシムル在監者ノ數ハ多クトモ二十人以下ニ限定スヘシ。囚人ハ官吏ノ通視ヲ妨ケス且逃走ノ場合ニハ銃丸ノ達シ得ヘキ距離ヲ限トシ之ヲ配置スヘシ。看守ハ交代者ヲ得ルニ非サレハ其指定セラレタル受持區ヲ去ルコトヲ許サス。無期囚及ヒ逃走ノ疑アル囚人ハ構外ニ於テ就役セシムルコトヲ得ス。

第百十二條

一　看守ハ總テノ拘禁ノ場所ニ於テ破獄逃走ノ機因ナキヤ否ヲ視察スヘシ。戸、錠前、窓、格子、床、壁ニ於テ破損ノ箇所ナキヤヲ調査シ、臥床、敷布、藁袋蒲團ニ於テ破獄ノ用ニ供スヘキ物件ヲ包藏セサルヤヲ捜檢スヘシ。捜檢ハ囚人ノ在房セサル時ニ於テ之ヲ行フヘク、捜檢ノ結果ハ受持簿ニ記入シテ之ヲ報告スヘシ。拘禁ノ場所殊ニ獨居房ノ外壁ハ常ニ之ヲ注視シ、器具素品類ヲ堆積シテ視察ノ便ヲ妨害セシメサルコトヲ要ス。看守ハ囚人カ破獄逃走ノ用ニ供スル爲メ作業用ノ器具器械類ヲ隱匿セサル樣精密ニ注意ヲ加フヘシ。

二　獨居房ニ在ル囚人ノ使用ニ供スル一切ノ作業器具ハ罷役後囚人ヲシテ輙ク通視シ得ル樣整列セシメ監房ヨリ之ヲ引上クヘシ。逃走ノ疑アル者ニ付テハ監獄長ノ命令ニ依リ其被服ヲモ引上クヘシ。

三　雜居拘禁ニ在ル囚人ニ付テハ必要ニ應シ寢房ニ入ラシムル前其身體ヲ搜檢スヘシ。身體ノ搜檢ニ際シテハ本人ノ廉恥心ヲ害セサルコトヲ要ス。

四　危險性ヲ有シ又ハ逃走ノ疑アル囚人ハ戒護看守ニ其旨ヲ指示シ之ニ對シ特別ノ警戒ヲ加ヘシムヘシ。此種ノ囚人ハ最モ堅牢ニシテ破壞ノ虞ナキ場所ニ配置シ且危險ナル器具ヲ用ウル作業ニ就役セシムヘカラス。此種ノ囚人ニシテ獨居拘禁ニ付シタル者ハ長ク同一ノ監房ニ拘禁スヘカラス。又此種ノ囚人ハ特別ノ夜間分房ニ拘禁シ、夜間臥床及ヒ上蒲團ヲ撤去シ又ハ第百七十五條第一項(二)及ヒ第二項ニ依リ戒具ヲ施スコトヲ得。

空地及ヒ外壁ノ警戒

第百十三條　構內ノ空地ニハ梯子其他塀壁攀越ノ用ニ供シ得ヘキ物件ヲ置クコトヲ得ス。若シ之ヲ置クノ必要アルトキハ確實ナル鎖鑰ヲ施スヘシ

外來者

第百十四條　監內ニ於テ囚人ニ接觸スル機會ヲ有スル外來者ト囚人トノ間

ニ不正ノ交通カ行ハレサル様常ニ注意ヲ怠ラサルコトヲ要ス。

表門

第百十五條

一　監獄ヘノ出入ハ通常表門ヨリスルノ外之ヲ許サス。表門ノ外周壁ニ門ヲ設クルコトハ成ルヘク之ヲ避クヘシ。監獄ノ状況ニ依リ其設置ヲ必要トスルトキハ特ニ其閉鎖ヲ嚴ニスヘシ。門扉ノ鍵ハ看守長之ヲ保管シ職務上ノ用務ヲ辨スヘキ官吏ニ限リ之ヲ交付スルコトヲ得、用務ヲ終リタルトキハ直チニ之ヲ看守長ニ還付セシムヘシ。

二　日沒後ニハ監獄長ノ許可ヲ得ルニ非サレハ一般ニ外門ヲ開扉スルコトヲ得ス。看守長ハ外門閉鎖ノ状態ヲ調査シ其堅實ナルコトヲ確ムヘシ。

門衛

第百十六條

一　表門ハ特ニ門衛ヲ置テ之ヲ守備セシム。門衛ハ當番勤務中ハ交代者ヲ得ルニ非サレハ其位置ヲ去ルコトヲ得ス。門衛ハ門戸ノ閉鎖ヲ確實ニシ、出入ヲ許サレタル人又ハ車輛ヲ通行セシムル場合ニ非サレハ開門スルコトヲ得ス。表門カ二重門ノ装置ナルトキハ人又ハ車輛ヲ出入セシムルニ際シ二個ノ戸ヲ一時ニ開放スルコトヲ許サス。

二　表門ハ監獄ノ官吏、請負人及ヒ其授業手ニ限リ自由ニ出入スルコトヲ許ス。囚人ハ官吏ノ引率スル場合ニ非サレハ出門スルコトヲ許サス。外來ノ訪問者ハ先ツ氏名用務ヲ告ケ案内ヲ請フヘシ。外來者ノ入門ヲ許スヘキトキハ門衛ハ一定ノ官吏ニ其案内ヲ託スヘシ。車輛ノ出入ニ付テハ囚人ニ逃走ノ機會ヲ與ヘサル樣特ニ注意ヲ用ウヘシ。日出前日沒後ニハ監獄長ノ認可アルニ非サレハ車輛ノ出入ヲ許サス。

三　閉監後ニハ特定ノ夜勤看守ヲシテ表門ノ守備ニ當ラシム。夜間ハ監獄長及ヒ夜間巡警ノ任ニ當ル官吏ノ外監獄ニ入ルコトヲ許サス。周壁内ノ官舍ニ居住スル官吏及ヒ其家族カ閉監時ヨリ開監時ニ至ルマテノ間ニ表門附屬屋舍ヲ出入スルニ付テハ監獄長ノ提案ニ基キ監督官廳ニ於テ特別ナル監督規程ヲ設ク。

四　門衛看守ノ勤務法ニ付テハ各監獄ノ状況ニ依リ之ニ相應スル事務章程ヲ設クヘシ。

夜間ノ警守、夜勤看守

第百十七條

一　監獄ノ夜間警守ハ夜勤看守ヲシテ之ヲ擔當セシム。夜勤看守ノ數ハ各監獄ノ状況ニ依テ之ヲ定ム。夜勤番ハ一定ノ中間期間ヲ隔テ各看守ヲシテ交代ニ之ヲ擔當セシム。夜勤番ノ期間ハ通例一月以下トス。病監擔當ノ看守ニハ一夜交代ニ限リ普通ノ夜勤番ヲ命スルコトヲ得。夜勤看守ノ職務ハ閉監前三十分乃至一時間ニ始マリ開監後三十分ニ終ル。夜勤看守ハ監獄内ニ於ケル規定ノ巡回線路ヲ巡視シ囚人カ逃走ヲ企ツルコトナキヤ否又相互間ニ不正ノ交通ヲ爲スコトナキヤ否ニ付テ精密ナル視察ヲ遂クヘシ。夜勤看守異狀ヲ發見シタルトキハ直チニ其原由ヲ査明スヘシ。夜勤看守ハ決シテ雜居寢房内ニ立入ルヘカラス。緊急非常ノ場合ニ限リ獨居房内ニ立入ルコトヲ得。此場合ニ於テハ二人同行シ、少クモ内一人ハ攻擊ヲ防クニ足ル武器ヲ携帶スルコトヲ要ス。寢房内ノ非違、逃走ノ企圖、出火其他監獄ノ靜謐ヲ害スヘキ事故ノ發生シタル場合ニ於テハ看守ハ一面臨機ノ措置ヲ爲スト共ニ一面ニハ直チニ看守長ヲ呼出スヘク、若シ看守長カ監獄ノ地内ニ居住セサルトキハ斯ル場合ノ爲メ監獄長ニ於テ特ニ指定シタル官吏ヲ呼出スヘシ。

二　閉監後開監ニ至ル迄ノ間ニ於テハ個々ノ場合ニ付キ監獄長ヨリ特別ノ命令ヲ下スニ非サレハ囚人ヲ其居房外ニ引出スコトヲ許サス。

三　夜間巡警ノ正確ニ行ハルルヤ否ハ監督時計ニ依リ之ヲ査明ス。夜勤ノ執行ハ日勤當番ノ高級官吏、看守長及ヒ用度係ニ於テ監獄長ノ訓示ニ基キ之ヲ監督ス。監獄ノ構造カ通視ニ便ナラス一人ノ視察ニテハ警護上不十分ノ嫌アルトキニ限リ二人ノ看守ヲシテ同時ニ同一ノ巡回線路ヲ巡視セシムルコトヲ得。

四　夜勤看守ノ事務章程ハ各監獄ノ狀況ニ應シテ之ヲ設ク。

第百十八條　火氣及ヒ燈火ノ取扱ニ付テハ特ニ愼密ナル注意ヲ加フヘシ。

火氣ハ夕刻ニ至リ總テ之ヲ消止シ、灰ハ確實ニ錠前附ノ鐵函ノ中ニ納メ又ハ監獄ノ構外ニ取運フヘシ。閉監前一定ノ火元檢査官吏ハ總テノ火氣ヲ用ヰタル場所ヲ檢閲シ、火氣及ヒ夜間使用セサル燈火カ完全ニ消止セラレタルヤ否ヲ確ムヘシ。其狀況ハ夕報告ノ際當番高級官吏ニ報告スヘシ。

烟突及ヒ煖爐ノ烟筒ハ常ニ怠ラス之ヲ掃除シ、掃除口ハ確實ニ之ヲ閉鎖シ燃燒物件ヲ煖爐又ハ烟突ノ附近ニ差置クヘカラス。瓦斯燈ヲ用ウル監獄ニ在テハ常ニ瓦斯管及ヒ栓ノ適否ヲ精査シ、石油ヲ用ウル監獄ニ在テハ點燈器ノ燈口及ヒ油入ノ狀態ニ付キ愼密ノ注意ヲ加フヘシ。燈火ニ接近シタル場所ニハ總テノ燃燒シ易キ物件ヲ差置クヘカラス。

第百十九條

一　各監獄ニ於テハ其狀況ニ應シ必要ナル消火器ヲ備ヘ且消防ニ關スル

施設ヲ爲シ、完全ナル狀態ニ於テ之ヲ保存スルコトヲ要ス。又消防規程ヲ設ケ、監內ニ於ケル出火ノ際ニ取ルヘキ措置及ヒ消防器具ノ使用ヲ擔當スル官吏ヲ定メ置クヘシ。消防ヲ補助セシムル爲メ四人ノ內ヨリ豫メ消防夫ヲ特選シ、平素消防器具ノ使用ヲ演習セシムヘシ、但消防夫ハ餘リニ多數ナラサルコトヲ要ス。

二　消防ニ關スル事務ハ用度理事ノ主管トス。用度理事ヲ置カサル監獄ニ於テハ作業理事ヲシテ之ヲ主管セシメ、作業係、機關手及ヒ二三ノ看守ヲシテ其事務ヲ補助セシムヘシ。

三　消防ノ設備ハ三月每ニ一回定時檢査ヲ行ヒ、時々臨時檢査ヲ行フヘシ。檢査ノ結果ハ監獄官會議ニ報告シ、調書ニ記載シ置クヘシ。

四　出火ノ場合ニハ在監者ヲ救護シ諸物件、帳簿其他ノ書類ヲ持出スト共ニ逃走ノ防遏ニ付キ特別ノ警戒ヲ加フヘシ。

第百二十條　監獄內又ハ其ノ附近ニ於テ出火アルトキハ敎誨師、監獄醫、敎師ヲ除ク外總テノ監獄官吏ハ夜間ト雖モ監獄ニ出勤スル義務ヲ負フモノトス。夜間暴風ノ起リタル場合ニ於テハ夜勤看守ハ看守長及ヒ當番高級官吏ニ報告スヘク、若シ看守長及ヒ當番高級官吏カ監獄ノ地內ニ居住セサルトキハ斯ル場合ノ爲メ監獄長ニ於テ特ニ指定シタル官吏ニ報告スヘシ。上記ノ官吏ハ監獄附近ノ官舍ニ居住スル官吏ヲ勤務ノ爲メ呼出スヘキヤ否ニ付キ監獄長ノ裁決ヲ請フヘシ。官舍ニ居住セサル官吏ハ召喚ナシト雖モ監獄ニ出頭スヘシ、但監獄ノ地內ニ居住スル官吏ノ數カ警護ノ必要ヲ充タスニ足ル場合ニ於テハ出頭ノ義務ヲ免ス。

非常ノ場合ニ於ケル官吏ノ呼出

第百二十一條 官舍ニハ監獄ニ接續スル傳鈴ヲ設備シ、非常事變ノ際直チニ官吏ヲ呼出ス便宜ヲ計ルヘシ。傳鈴ハ毎日一定ノ時間ニ之ヲ檢査シ、故障ナキヤ否ヲ確ムヘシ。

兵備

第百二十二條 (削除セラル)

囚人ノ移送

第百二十三條

一　內務省所轄ノ監獄間ニ於ケル囚人ノ移送ハ監獄下級官吏ヲシテ之ヲ爲サシム。囚人ノ數二十人以上ナルトキハ一人ノ高級官吏ヲ派シテ移送ヲ指揮セシム。移送官吏ノ數ハ監獄長之ヲ定ム。少數ノ女囚ヲ移送スル場合ニハ女看守長、女用度係又ハ女看守ヲシテ之ニ當ラシム。逃走ノ嫌疑又ハ暴行ノ危險アル女囚ヲ移送スヘキトキハ特ニ信用アル男性下級官吏ヲシテ之ニ當ラシム。多數ノ女囚ヲ移送スル場合ニ於テハ一人ノ男性官吏ヲシテ指揮ヲ掌ラシメ、之ニ女性下級官吏ノ相當員數ヲ附隨セシム。

二　下級官吏ハ男女トモ移送勤務中制服ヲ著用スヘシ。

三　裁判所ヘノ護送ハ警察官廳ニ於テ之ヲ擔當スルヲ本則トス。護送ノ際懲役囚ニハ通例獄衣ヲ著セシメ、其他ノ囚人ハ自衣ヲ著用セシムヘシ。

四　護送中ノ受刑者ニハ戒具ヲ施スコトヲ許サス但其者ノ人格極テ危險ニシテ殊ニ他人ニ危害ヲ及ホス虞アリ又ハ自殺若クハ逃走ノ疑アル爲

メ施械ノ必要アルトキハ此限ニ在ラス。懲役ノ男受刑者ハ通常逃走ノ虞アルモノト看做ス。公權ヲ有スル囚人ハ通常他ノ囚人ト連絆シテ施械スルコトナキヲ要ス。連絆施械ノ已ムコトヲ得サル場合ト雖モ公權ヲ有スル者ト之ヲ有セサル者トハ互ニ連絆スヘカラス。連絆施械ノ處分ヲ爲スニハ努メテ各囚人ノ人格、身分及ヒ罪質ヲ斟酌スヘシ。

五　施械及ヒ其實行方法ハ發送監獄ノ長個々ノ場合ニ付キ事情ヲ精査シタル上之ヲ定ム。護送官吏ハ護送ノ途中命令ナクシテ擅ニ戒具ヲ施スコトヲ得ス、但豫見セサル事故發生シタル爲メ前項ニ揭ケタル理由ニ依リ施械處分ノ已ムコトヲ得サルニ至リタルトキハ此限ニ在ラス。

六　前揭ノ規定ハ各場合ニ付キ裁判官カ施械ニ關シ特別ノ命令ヲ爲ササル限リ刑事被告人ニ之ヲ準用ス。拘置監ノ監獄長カ施械ニ關シ何等ノ命令ヲ爲ササル場合ニ於テ刑事被告人ニ對シ戒具ヲ施シタルトキハ直チニ其旨ヲ裁判官ニ報告スヘシ。

七　護送先ヨリ歸監シタルトキハ當該囚カ應禁物ヲ隱匿スルコトナキヤ否ニ付キ精密ニ捜檢ヲ爲スヘシ。當該囚カ護送先キニ於テ宿泊シタル場合ニ於テハ害蟲ノ有無ニ付キ其衣類ヲ精査スヘシ。閉監後歸監シタル場合ニ於テハ夜勤看守當該囚ヲ領收シ、新入房ニ之ヲ假留スヘシ。

裁判所ノ訊問

第百二十四條

一　裁判所所在地ニ在ル内務省所轄監獄ノ在監者ニ對スル裁判官ノ訊問ハ裁判所ノ所在地外ニ於テ之ヲ爲スヘキ必要ナク且現行ノ法規、監獄ノ紀律及ヒ構造ノ模樣ニ徵シ支障ナキ限リ監獄内ニ於テ之ヲ爲スヘキモノトス。殊ニ裁判官ノ訊問中在監者ノ外ニ他ノ者ノ出頭ヲ要セサルトキハ成ルヘク監獄内ニ於テ訊問ノ手續ヲ實施スヘシ。在監者ニ對シ訊問ヲ爲ス場合カ頻繁ナルトキハ急速ヲ要セサル事件ニ付テハ相當ノ中間時ヲ隔テ訊問期日ヲ豫定シ置クヘシ。當該裁判所ハ訊問スヘキ在監者ノ氏名ヲ期日前監獄ニ通告シ、準備ノ便ヲ計ルヘシ。召喚ヲ受ケサルモ自ラ進テ裁判所ニ對シ請求ヲ爲サントスル在監者アルトキハ監獄長ハ裁判所ノ官吏ニ其者ノ喚問ヲ通告スルコトヲ得。本項ノ訊問ヲ爲ス場所ニ充ツル爲メ監獄内ニ相當ノ訊問所ヲ設備スヘシ。

二　監獄内ニ於テ在監者ノ訊問ヲ爲サス監獄ノ在ル市町村内ノ他ノ場所ニ於テ訊問期日ヲ開ク場合ニ於テハ召喚ニ關スル方法ハ各場合毎ニ裁判所及ヒ監獄協議ノ上之ヲ決定スヘシ、但召喚ニ關スル方法ハ豫メ之ヲ協定シ置クコトヲ妨ケス。關係官衙ハ其吏員ヲシテ相共助セシムヘキモノトス。

第百二十五條

一　囚人カ逃走シタル場合ニハ直チニ追捕ノ方法ヲ執ルヘシ。追捕ノ方法其效ナキトキハ監獄長ハ直チニ監獄所在地ノ警察官廳及ヒ逃走者ノ郷里ノ警察官廳ニ詳細ナル人相書ヲ添ヘテ報告ヲ爲シ、逮捕狀ヲ發シ、且刑ノ執行指揮官廳ニ對シ報告ヲ爲スヘシ。囚人逃走ノ場合ニハ直チニ逃走ノ顚末ヲ取調ヘ、且他ノ囚人カ逃走ヲ幇助シタルヤ否、官吏カ其義務ヲ怠リタルヤ否、監獄ノ戒護ノ設備ニ不完全ノ廉アリシヤ否ヲ査明スヘシ。監獄長ハ逃走ノ顚末ニ關スル調書ト共ニ囚人若クハ官吏ニ對スル處分又ハ設備ノ改良ニ關スル意見ヲ監督官廳ニ提出スヘシ(第十一條第七項參照)。

二　逃走者逮捕セラレタルトキハ監督官廳及ヒ刑ノ執行指揮官廳ニ其旨ヲ申告スヘシ。

日課

第百二十六條

	冬期	夏期
一　開監	六時乃至六時三十分	五時乃至五時三十分
就業	六時三十分乃至七時三十分	五時三十分乃至六時三十分
朝餐	七時三十分乃至七時四十五分	六時三十分乃至六時四十五分
就業	七時四十五分乃至十二時	六時四十五分乃至十二時

午餐	十二時乃至一時	十二時乃至一時
就業	一時乃至七時	一時乃至七時
晩餐	七時乃至七時三十分	七時乃至七時三十分
就業	七時三十分乃至八時三十分	
閉監	八時三十分乃至九時	七時三十分乃至八時

運動ノ時間ハ三十分乃至一時間トシ、敎育ノ時間ハ便宜之ヲ定ム。就業時間ハ懲役囚ニ對シテハ十二時間他ノ囚人ニ對シテハ十一時間ヲ超ユルコトヲ得ス(第六十六條及ヒ第六十七條)。

二　日曜日及ヒ祭日ノ前日ニハ平日ニ比シ閉監時ヲ一時間繰上ケ、日曜日、祭日及ヒ國王ノ誕生日ニハ開監時ヲ一時間繰延ハシ閉監時ヲ二時間繰上クルモノトス。舊敎ニ屬スル囚人ノミヲ收容スル監獄ニ於テハ舊敎ノ祭日ニモ此規定ヲ適用ス(第百四十五條一項、二項)。

第三節　囚人ノ處遇

通則

第百二十七條

一　總テノ在監者ハ法律及ヒ本則ノ規定ニ依リ嚴格、公平及ヒ至誠ヲ以テ之ヲ處遇スヘシ。在監者ノ處遇ニ付テハ本人ノ個性、犯情、年齡、男女ノ別、心身ノ狀態、敎育及ヒ職業ノ關係等ヲ最モ公正ニ斟酌スルコトヲ要ス。在監者ニ對シテハ常ニ眞摯ノ態度ヲ持シ、必要アルトキハ嚴威ヲ示シ、努メテ監內規程ノ厲行ヲ期スヘシ。

二　囚人ニ對シ不作法ノ行爲、例之、罵詈、撞衝、打擲等ヲ爲スヘカラス。

稱呼

第百二十八條　成年四(十八歲以上ノ者)ニ對シテハ「君」ノ稱呼ヲ用ウヘク、十八歲未滿ノ刑事被告人及ヒ民事囚ニモ其身分及ヒ生活關係ニ應シ前示ノ稱呼ヲ用ウヘシ。

拘禁ノ場所

第百二十九條

一　拘禁ノ場所ハ衛生ニ適シ、清潔ニシテ害蟲ノ憂ナク、且換氣ノ方法十分ナルコトヲ要ス。木造ノ床ハ「ペンキ」ヲ以テ完全ニ塗リ上ケ、常ニ之ヲ磨拭シ、必要アルトキハ砂又ハ其他ノ硬質體ヲ以テ磨擦スヘシ。

二　壁及ヒ天井ノ石灰塗ハ毎年之ヲ塗リ直スヘシ。壁ノ汚損及ヒ落書ハ嚴重ニ之ヲ取締リ其儘放置セサルコトヲ要ス。

三　晝夜分房ニ充ツル爲メ新タニ建築スル獨居監房ノ大サハ少ナクモ二十二立方「メートル」ノ空氣容量ヲ有シ且少クモ一平方「メートル」ノ窓ヲ備フルコトヲ要ス。窓ハ少クモ其半マテ開閉シ得ル樣裝置スヘシ。在來ノ獨居監房ニシテ如上ノ條件ヲ具ヘサルモノハ監獄醫ノ意見ニ依リ在監者ノ健康ヲ害スル虞ナキ分ニ限リ晝夜分房ニ充ツルコトヲ得。此種ノ獨居監房ハ主トシテ短期刑ノ囚人及ヒ塵埃ノ少ナキ作業ニ從事スル囚人ノ居房ニ充ツヘシ。

四　周壁アル夜間分房ノ大サハ少ナクモ十一立方「メートル」ノ空氣容量ヲ

有シ且少ナクモ二分ノ一平方「メーテル」ノ窓ヲ備フルコトヲ要ス。窓ハ少ナクモ其半マテ開閉シ得ル様装置スヘシ。此種ノ分房ハ二週間以下ノ短刑期ニシテ作業ニ就カサル囚人ノ晝夜拘禁ニモ亦之ヲ充當スルコトヲ得。晝間ニ限リ四人ヲ收容スル新入房ハ夜間分房ニ比シ其容量及ヒ面積ヲ一層縮小スルコトヲ得。

五　晝夜雜居監房ヲ使用スルコトハ努メテ之ヲ避クヘシ。之ヲ使用スルノ已ムコトヲ得サル場合ニ於テハ少クモ一人當リノ容積十六立方「メーテル」ノ割合ヲ以テ收容人員ヲ定ムヘシ。監獄ノ外ニ在テ開墾ニ從事スル囚人ヲ收容スル假監ノ容積ハ最低限度ヲ一人當リ十立方「メーテル」マテニ下スコトヲ得。

六　雜居寢房ハ少クモ一人當リ十立方「メーテル」、雜居工場ハ一人當リ八立方「メーテル」ノ空氣容量ヲ有スヘキモノトス。各監房及ヒ工場ノ戸ニハ油製塗料ヲ以テ立方及ヒ平方「メーテル」ニ依リ算定シタル場所ノ大サヲ掲記スヘシ。雜居拘禁ノ監房及ヒ工場ニハ尚ホ收容者ノ現在數ヲ記載スル小札ヲ掲クヘシ。

七　各囚人ニハ本人ニ交付シタル物件ヲ藏置スルノ用ニ供セシムル爲メ專用ノ物入(數多ノ棚又ハ仕切ヲ有スル戶棚、箱ノ類)ヲ給付スヘシ。

被服

第百三十條　囚人ニハ被服規程ノ定ムル所ニ依リ獄衣ヲ著用セシム。獄衣ハ常ニ清潔ニシテ破損セサルモノタルコトヲ要ス。一ノ囚人カ既ニ著用シタル被服ハ充分ニ掃除シ、洗濯シ又ハ消毒シタル後ニ非サレハ之ヲ他ノ囚人ニ下付スヘカラス。

淸潔法

第百三十一條　囚人ニハ豫算ニ基キ身體ノ清潔ニ必要ナル物件ヲ下付シ少ナクモ十四日每ニ一回入浴セシム。受刑囚ノ頭髮及ヒ鬚髯ハ每月之ヲ短薙セシメ、懲役囚及ヒ無髯ノ囚人ニハ每週一回又ハ二回剃除セシム。

(イ)肌衣類

第百三十二條

一　各囚人ニハ其拘禁期間中數字(獄衣番號)ヲ附シタル專用ノ肌衣、蒲團ノ上敷及ヒ手拭ヲ下付ス。　襦袢、靴下、襟布「ハンケチ」、手拭ハ毎週一回、蒲團ノ上敷及ヒ下袴類ハ毎月一回、必要アルトキハ數回之ヲ交換ス。

二　一ノ囚人カ既ニ使用シタル肌衣類ハ豫メ洗濯シタル後ニ非サレハ他ノ囚人ニ下付スルコトヲ得ス。

(ロ)臥具

三　各囚人ニハ規定ノ臥具ヲ下付ス。　臥具ハ常ニ清潔ニシテ除蟲ノモノタルコトヲ要ス。　雑居寢房ニ於ケル臥床ハ縦形ニ之ヲ配列シ、個々ノ臥床ノ間ニ少ナクモ〇、五〇「メーテル」ノ距離ヲ保タシムヘシ。　臥床ヲ接續セシムルコトハ成ルヘク之ヲ避クヘシ、但監外ニ於テ開墾ニ従事スル囚人ヲ収容スル雑居寢房ニ於テハ之ヲ許ス。

被服、肌衣類及ヒ臥具ノ自辨使用

第百三十三條

一　被服、襯衣及ヒ臥具ノ自辨使用ヲ許可セラレタル囚人(第六十七條乃至第七十條)ハ之ヲ獨居拘禁ニ付スヘキモノトス。　此種ノ囚人ハ完全ナル平日衣及ヒ日曜衣各一著並ニ襯衣三著ヲ所持スルコトヲ要ス。　臥具ニシテハ蒲團、枕、上被ヲ許ス。臥具ニハ上敷二枚ヲ附屬セシムヘシ。

二　十四日以下ノ短刑期囚ハ上衣一著、上敷一枚、襯衣二著ヲ所持スルヲ以テ足ル。此種ノ囚人ノ肌衣類ハ監外ニ在テ洗濯セシメ、其費用ハ囚人ヲシテ毎月監獄ニ之ヲ豫納セシメ、使用スルコト能ハサルニ至リタルモノハ自辨ヲ以テ直チニ之ヲ補充セシム。總テノ物品ハ清潔ニシテ且相當ナルコトヲ要ス。

糧食

第百三十四條

一　囚人ニハ糧食規程ノ定ムル所ニ依リ糧食ヲ給與シ、且毎日少ナクモ早朝及ヒ午後ニ於テ二回、夏期炎暑ノ候ニハ數回、良質ニシテ清潔ナル飲用水ヲ十分ニ給與ス。監獄カ自營ノ水道ヲ有スルトキハ貯水器ニ於ケル水ヲ少ナクモ毎日一回完全ニ交換スヘシ。

二　猶太宗ノ四人ニハ「パッサー」祭日ノ間監獄外ニ居住スル同宗ノ者ヨリ聖餐ノ差入ヲ受クルコトヲ許ス。糧食ノ種類及ヒ分量ハ監內規程ニ依ル給與糧食ノ程度ニ接近セシムヘシ。酒類ノ差入ハ之ヲ許サス。

自辨糧食

第百三十五條

一　糧食ノ自辨ヲ許可セラレタル囚人ハ（第六十七條乃至第七十條）購求費トシテ少ナクモ三十「マルク」ヲ監獄ノ金庫ニ豫納スヘシ。自辨糧食ノ費用ハ毎日三「マルク」ヲ超ユルコトヲ得ス。酒精ノ飲用ハ之ヲ許サス。自辨糧食トシテ許可スヘキモノノ種類ハ糧食規程ニ於テ之ヲ定ム。刑事被告人ニ付テハ裁判官ニ於テ特ニ糧食規程ノ除外例ヲ認可スルコトヲ得

二　自辨糧食ヲ取ル者其許可ヲ濫用シタルトキハ之ヲ取消スヘシ。自辨糧食ノ豫納金ナキニ至リタルトキ亦同シ。

三　自辨糧食ヲ許可セラレタル囚人ハ獨居拘禁ニ付ス。

追加食

第百三十六條

一　懲役囚、禁錮囚及ヒ重拘留囚ニハ其所持金又ハ差入金ヲ以テスル追加食ノ購求ヲ許サス。懲役囚ニシテ三年以上刑ノ執行ヲ了ヘ且少ナクモ

三十「マルク」以上ノ作業賞與金計算高ヲ有スル者ニハ例外トシテ追加食ノ購求ヲ許スコトヲ得。購求ノ爲メ使用シ得ヘキ金額ハ一個月ニ付キ最近二月間ニ記帳セラレタル作業賞與金計算高ノ半額ヲ限度トシ且如何ナル場合ニ於テモ一「マルク」ヲ超ユルコトヲ許サス。追加食ハ一月分ヲ各週ニ分割シテ之ヲ給ス。

二 禁錮囚ニハ作業賞與金ノ計算高カ二十「マルク」ニ達シタル後其計算高ヨリ差引クヘキ條件ノ下ニ監獄長ニ於テ一週一回追加食ノ購求ヲ許スコトヲ得。購求ノ爲メ使用シ得ヘキ金額ハ一個月ニ付キ最近二月間ニ記帳セラレタル作業賞與金ノ半額ヲ限度トシ且毎週五十「フエンニヒ」ヲ超ユルコトヲ許サス。累犯者（第八十五條）ニハ刑期一年以上執行ヲ了ヘ且前記ノ條件ヲ充シタル者ニ限リ追加食ノ購求ヲ許スコトヲ得。

三 刑事被告人、民事囚及ヒ輕拘留囚ニシテ自辨糧食ヲ取ラサル者ハ許可ヲ得タル上毎週一「マルク」ヲ超ヘサル限度ニ於テ自費ヲ以テ追加食及ヒ煙草ヲ購求スルコトヲ得。

四　追加食トシテ其購求ヲ許スヘキ糧食ノ種類ハ左ノ如シ。
黑麵麭。白麵麭。粗製ノ豚脂。牛酪。牛乳。果實。

五　監獄醫ノ要求アルトキハ例外トシテ前掲外ノ糧食ノ購求ヲ許スコトヲ得。

六　囚人ノ爲メニ送致シ又ハ持參シタル飮食物ハ其受領ヲ拒絕スヘキモノトス。特別ノ事情アル場合ニハ監獄長ニ於テ分房囚ニ限リ除外例ヲ認許スルコトヲ得。病者ニ付テハ之ニ關シ特ニ監獄醫ノ承認ヲ經ルコトヲ要ス。

煙草

第百三十七條

一　懲役囚、禁錮囚及ヒ拘留囚ニハ煙草、嗅煙草、嚼煙草ヲ用ウルコトヲ許サス。刑事被告人及ヒ民事囚ニハ監獄ノ秩序及ヒ淸潔ニ障害ナキ限リ獨居監房ニ於テ煙草ノ享用ヲ許スコトヲ得。濫用ノ事實アルトキハ此優遇ヲ褫奪ス。

二　開墾ニ從事スル四人ニシテ現場ノ假監ニ收容セラルル者ニハ監督官廳ニ於テ勉勵及ヒ謹愼ノ賞トシテ嗅煙草及ヒ嚼煙草ノ享用ヲ認可スルコトヲ得。

追加食及ヒ煙草ノ購入

第百三十八條　追加食及ヒ煙草ハ四人ノ費用ヲ以テ監獄ニ於テ之ヲ調達ス。許可スヘキ追加食ノ種目ハ月ノ初メニ之ヲ四人ニ示シ其中ニ就キ希望ノ物ヲ選擇セシムヘシ。

煖房

第百三十九條　監房及ヒ工場ノ煖房ニ付テハ季節及ヒ天候ヲ斟酌スルコトヲ要ス。晝間拘禁ノ場所ニ在テハ終日攝氏十五度乃至十八度ノ溫度ヲ保タシム。雜居寢房ニ於テハ四人ノ健康ヲ維持スルカ爲メ必要ナル場合ニ限リ煖房ヲ爲サシム。

點燈

第百四十條　階段、廊下及ヒ雜居寢房ニハ暗黑時中完全ナル燈火ヲ使用セシム。晝間拘禁ノ場所及ヒ獨居監房ニ於テハ暗黑時中閉監ニ至ルマテ燈火ヲ使用セシム。監獄長ハ獨居拘禁ノ囚人ニ午後十時マテ燈火ノ使用ヲ認許スルコトヲ得。

戸外運動

第百四十一條

一　戸外作業ニ從事セサル健康囚ニハ官吏ノ監視ノ下ニ毎日三十分乃至一時間構内ニ於テ戸外運動ヲ爲サシム。

二　同時ニ同一ノ場所ニ於テ戸外運動ヲ爲ス囚人ノ數ハ成ルヘク五十人ヲ限度トスヘシ。個別式ノ運動場ヲ有セサルトキハ四人ヲ一列ニ配シ雜居囚ハ少クモ三歩、分房囚ハ少クモ五歩ノ間隔ヲ置キ、急速ナル歩調ヲ以テ運動セシムヘシ。老者又ハ癈疾者ニシテ急速ノ歩調ニ堪ヘ難キ者ハ各別ニ列外ニ立タシメ若クハ特別ノ部隊ヲ組ミテ運動ヲ爲サシムヘシ。

三　刑期一月以上ノ幼年囚ニハ毎日二回一時間宛戸外運動ヲ爲サシムヘシ。此時間中ニ相當官吏ノ指揮ノ下ニ體操及ヒ兵式操練ヲ爲サシムヘ

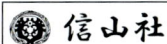

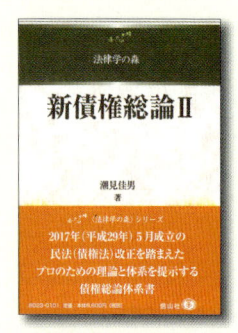

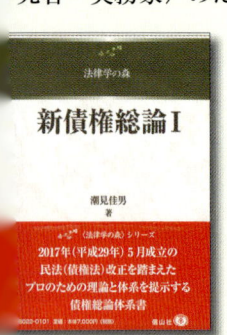

シ。一月及ヒ十二月並ニ雨天ノ日ニ於テハ戸外運動ノ時間ヲ毎回三十分ニ制限スルコトヲ得。年齢二十歳ニ滿タサル他ノ囚人ニモ監督官廳ノ認可ヲ得テ兵式操練ヲ課スルコトヲ得。

四　戸外運動ハ必ス日中ニ之ヲ爲サシムヘシ。炎暑ノ夏日ニ於テハ午前十一時ヨリ午後二時ニ至ルマテノ間ハ運動ヲ爲サシムヘカラス。醫療中ニ在ル病囚ノ運動時刻及ヒ運動時間ハ監獄醫之ヲ定ム。

五　戸外運動中ハ嚴重ニ囚人ヲ監視シ談話若クハ其他ノ交通ヲ防止スルコトヲ要ス。

第四節　作業

第百四十二條

一　定役ニ服スヘキ總テノ囚人(懲役囚、禁錮囚、重拘留囚)ニハ精神上及ヒ肉體上本人ノ全力ヲ要求スル作業ヲ課シ規定ノ就役時間中之ニ從事セシムルコトヲ要ス。

二　定役ニ服セサル囚人(輕拘留囚、民事囚、刑事被告人)ト雖モ其拘禁期間二週間以上ニ亘ル者ハ自營作業ニ就キ又ハ監獄ニ於テ施行スル作業ニ就カシムルコトニ努ムヘシ。

三　刑期二週間以下ニシテ獨居房ニ拘禁セラルル囚人ハ通例不就業ノ儘其刑ヲ執行セシム。但本人カ進ンテ就業ヲ請願シ且本人ニ適當ナル作業アルトキハ之ニ就カシムヘシ。不就業者ニハ糧食規程ノ定ムル所ニ依リ減量食ヲ給與スヘシ。

作業ノ種類

第百四十三條

一　懲役監及ヒ普通監獄ニ於ケル作業ノ經營ヲ齊整スル爲メ左ノ原則ヲ定ム。

イ　健康ヲ害シ又ハ監獄ノ秩序及ヒ安寧ニ害アル作業ハ之ヲ施設シ及ヒ許可スルコトヲ得ス。

ロ　各監獄ノ廳用及ヒ獄用ノ需用品ハ出來得ヘキ限リ囚人ノ作業ニ依テ之ヲ調製スヘシ。特ニ掃除、炊事等經理一切ノ雜役ニハ囚人ヲ使用シ且總テノ被服其他ノ用度品ハ囚人ヲシテ之ヲ製作セシムヘシ。建造物ノ維持、改築、修繕等ニモ亦囚人ヲ使役スヘシ。監獄ノ新築ニ付テハ千八百九十八年十月三十日及ヒ千九百一年二月二十二日ノ省令ニ基キ囚人ヲ使役シテ土工、道路工事、建築用材ノ切組、建築用品ノ製作、個々ノ建物ノ造作ヲ實施スヘシ。

ハ　監獄ノ行政事務ニハ囚人ヲ使用スルコトヲ許サス。

ニ　帝國所屬官廳竝ニ聯邦各州所屬官廳ノ需用品ハ囚人ヲシテ之ヲ製作セシムルコトニ努ムヘシ。

ホ　官廳及個人ノ經營ニ屬スル農作開墾事業ニハ囚人ヲ使役セシムヘシ。

ヘ　上記ノ作業ノミニテハ總テノ囚人ヲ就役セシムルニ足ラサル場合

ニ於テ初メテ公入札ニ依リ囚人ノ勞役ヲ工業製品ノ請負ニ付スルコトヲ得。　此場合ニ於テハ成ルヘク民間ノ個人事業特ニ手工業ノ利益ヲ害セサル様注意スヘシ。　就中一人ノ請負人ニ過多ノ囚人ヲ委付セサルコト、成ルヘク多クノ作業種類ヲ施設スルコト、請負ニ付シタル囚人ノ數ヲシテ同種ノ業ニ從事スル自由勞働者ノ數ト均衡ヲ保タシムルコトニ留意スヘシ。　同一人ニハ多數ノ監獄ニ於テ請負ヲ爲サシメサルヲ通則トス。　已ムコトヲ得サル事情ニ因リ同一人ヲシテ數監獄ノ請負ヲ爲サシムル場合ニ於テハ各監獄間ニ於ケル工錢額ニ高低ナカラシムル様取計フヘシ。　請負作業ハ成ルヘク個數工錢ニ依リ契約セシムヘシ。　請負工錢ヲ定ムルニハ地方廳商工業組合等ニ囑託シテ自由勞働者ノ勞銀ヲ確メ之ヲ以テ標準ト爲スヘシ。　請負人ヲシテ行刑ニ干渉セシムルコトハ之ヲ許サス。　請負人自身及ヒ其授業手ハ作業ノ指導及ヒ囚人トノ交渉ニ付キ監獄ノ與ヘタル訓令ヲ遵奉スヘキモノトス。

ト　實行上支障ナキ限リハ各囚人ニ對シ日日ノ作業課程ヲ定メ之ヲ授クヘシ。作業課程ハ健康ナル自由勞働者ノ働高ノ平均率ヲ標準トシテ之ヲ定ム。作業ノ修習ヲ要スル囚人ニハ見習期間中其作業課程ヲ輕減ス。心身ノ狀態ニ依リ普通人ノ勞作ニ堪ヘサル者ニ付テモ亦監獄醫ノ意見ヲ聽キタル上作業課程ヲ輕減ス。

チ　怠慢、不注意又ハ惡意ニ因リ授ケラレタル作業課程ヲ終了セス又ハ其業績良好ナラサル者ハ之ヲ處罰ス。

リ　囚人ニ作業ヲ課スルニハ拘禁ノ種類(第六十六條乃至第七十條)ニ關スル規定ヲ參照スヘシ。

二　幼年囚ニ付テハ本人ノ教育及ヒ出獄後ノ生計ニ重キヲ置キ作業ヲ選定スヘシ。幼年ノ女囚ハ裁縫、編物、刺繡等ノ業務ニ練習セシムヘシ。

第百四十四條

一　囚人自身ノ企畫ニ係ル作業ハ監獄ノ秩序安寧ニ害ナク且拘禁ノ目的ニ背馳セサルコトヲ要ス。自營作業ハ監獄長之ヲ監督ス。自營作業ニ就ク者ハ常ニ之ヲ獨居拘禁ニ付ス。監獄ニ於テ施行スル作業ニ從事スル傍ラ自營作業ニ就クコトハ之ヲ許サス。

二　自營作業ニ從事スル禁錮囚ハ賠償金ヲ支拂フ義務ヲ負フ。賠償金ノ額ハ就業一日ニ付一「マルク」乃至三「マルク」ノ範圍內ニ於テ監督官廳之ヲ定ム。右ノ外賠償額ヲ定ムルニハ作品ノ價額ヲ斟酌スヘシ。確定セラレタル賠償額ハ月ノ初メニ於テ監獄金庫ニ豫納セシムヘキモノトス。

三　特別ノ事情アル場合ニハ大臣ハ賠償金ノ支拂ヲ免除スルコトヲ得。

免役日

第百四十五條

一　日曜日、基督敎ノ祭日及ヒ國王ノ誕生日ニハ監獄ニ於ケル强制作業ヲ休止ス、但監獄ノ用度事務ヲ遂行スル爲メ必要ナル作業又ハ非常特別ノ場合ニ於テ必要ナル役務ハ此限ニ在ラス。新舊二派ニ共通スル基督敎ノ祭日ハ耶蘇瞑目祭、耶蘇復活祭、耶蘇昇天祭、五旬祭及ヒ懺悔日トス。偽教ノ囚人ニ在テハ右ノ外尚ホ三聖王日、マリヤ清淨日、マリヤ豫言日、耶蘇聖體日、聖彼得聖保羅日、耶蘇及ヒマリヤ受胎日等ヲ祭日トス。

二　異宗派ノ在監者ヲ併セ收容スル分房監獄ニ於テハ在監者各自ノ宗派ニ從ヒ祭日ヲ有セサル者ニハ就業ヲ命ス。雜居監獄ニ於テハ作業時間中祭日ヲ有スル不就業者ト祭日ヲ有セサル就業者トヲ分離シテ集禁スヘシ。分離スルコト能ハサルトキハ全監ノ作業ヲ休止ス。

三　猶太宗ノ囚人ハ安息日及ヒ左記ノ祭日ニ於テハ其意思ニ反シテ就役セシムルコトヲ得ス。

プリトム(一日間)、パッサー(最初ノ二日及ヒ最後ノ二日間)、毎週祭(二日間)、新年祭(二日間)、贖罪祭(一日間)、聖殿祭(最初ノ二日間及ヒ最後ノ二日間)。

四　前項ノ規定ニ依リ作業ヲ免セラルル猶太宗派ノ囚人ハ監獄長ノ命令ニ依リ日曜日及ヒ基督教ノ祭日ニハ就役スヘキ義務ヲ負フ。但之レカ為メ日曜日ノ儀式ヲ妨害セサルコトヲ要ス。

五　監獄長ハ特定ノ囚人ニ限リ日曜日ニ於ケル就役ヲ許可スルコトヲ得。

作業收入、作業賞與金

第百四十六條

一　囚人ニ課シタル作業ノ收入ハ國庫ニ歸屬ス。行狀善良ニシテ作業上良好ノ成績ヲ擧ケタル囚人ノ為メ作業收入ノ內ヨリ作業賞與金ヲ計算シテ之ヲ其者ノ貸方ニ記帳ス。作業賞與金ハ拘禁ノ種類ニ依リ定メラレタル限度（第六十六條乃至第七十條）ニ於テ每一日ノ業績ニ對シ之ヲ計算ス。累犯者（第八十五條）ニ對シテハ作業賞與金計算ノ步割ヲ低減ス即チ日給作業ニ付テハ懲役囚ニ對シ十五「フェンニヒ」、禁錮囚ニ對シ二十「フエンニヒ」ヲ超ユルコトヲ得ス。又課程作業ニ付テハ課程ニ對シ初犯者ノ為メニ記帳スヘキ額ノ半ヲ標準トシ、課程外ニ對シテモ同一ノ割合ヲ以テ記帳スヘシ。

二　自營作業ノ收入ハ之ヨリ賠償金ヲ控除シ其殘額ハ本人ノ所得トス。

自營作業ニ就ク囚人ニハ作業賞與金ヲ給セス。

作業賞與金ノ取扱

第百四十七條

一 作業賞與金ハ囚人カ釋放ノ際又ハ釋放後現實ニ之ヲ受領スルニ依リ初メテ其所有トナルモノトス、但本人ノ在監中ト雖モ貸方ニ記帳シタル賞與金計算高ノ内ヨリ一定ノ額ヲ差引キ本人ノ爲メ其使用ヲ許スコトヲ得（第百一條、第百六十七條、第百八十八條）。

二 左ノ金額ハ貸方ニ記帳シタル作業賞與金計算高ノ内ヨリ差引クヘキモノトス。

イ 囚人カ刑事被告人又ハ受刑者トシテ在監中官有物ニ對シ惡意又ハ重大ナル過失ニ因リ加ヘタル損害ノ額。

ロ 逃走、追捕、送還ニ因リ生シタル費用額。

ハ 囚人カ虛僞ノ申立ヲ爲シタルニ依リ規定以外ノ監獄ニ收監シタル爲メ之ヲ所轄監獄ニ移送スルニ因リ生シタル費用。

三　前項ノ損害ヲ賠償スル義務ノ發生時ニ至ルマテノ賞與金計算高カ損害額ノ全部ヲ償フニ足ラサルトキハ將來本人ノ貸方ニ記帳セラルヘキ額ヲモ其辨償ニ充當スヘキモノトス。然レトモ本人ノ行狀善良ナルカ又ハ出獄後ニ於ケル本人保護ノ爲メ必要アルトキハ監督官廳ノ認可ヲ得テ前段ノ充當權ヲ拋棄スルコトヲ得。拋棄ノ申請ハ成ルヘク本人ノ刑期滿了時ノ三週前ニ監獄官會議ノ意見書ヲ添ヘ監獄長ヨリ監督官廳ニ提出スヘシ。

四　作業賞與金ハ之ニ依リ囚人カ出獄後正業ニ復歸スル上ニ便宜ヲ與ヘ且本人ニ備ヘタル保護ヲ助成スルヲ以テ最先ノ目的トス。

五　齒磨楊子ハ囚人ノ申立ニ依リ賞與金計算高ノ如何ニ拘ハラス其購求ヲ許ス。其他ノ用途ニ付テハ賞與金計算高カ差引クヘキ額ヲ控除シタル上、禁錮囚ニ在テハ二十「マルク」、懲役囚ニ在テハ三十「マルク」ニ達シタルトキ初メテ賞與金ノ使用ヲ許スコトヲ得。賞與金計算高カ前記ノ額ヲ超過シタルトキハ囚人ノ申立ニ依リ左ノ支出ニ充用セシムルコトヲ得。

イ　本人ノ犯罪行爲ニ因リ生シタル損害ノ賠償。

ロ　本人ニ於テ扶養ノ義務アル親族カ貧窮ニ苦ム場合ニ際シ之ニ對スル救助。

ハ　追加食(第百三十六條第百三十七條)、書籍、文具、手工器具及ヒ日曜課業ニ必要ナル材料ノ購求。

六　特別ノ事情アルトキハ作業賞與金ノ計算高カ二十「マルク」若クハ三十「マルク」ニ達セサルトキト雖モ損害ノ賠償及ヒ家族ノ生計補助(前項(イ)及ヒ(ロ))ニ限リ支出ヲ許スコトヲ得。

七　第三項第一段ノ場合ニ於テ本人ノ出獄前第五項(ロ)又ハ(ハ)(書籍ヲ除ク)ノ用途ノ爲メ賞與金計算高ノ一部ヲ使用セシムルヲ相當ト認ムヘキ事由發生シ且賞與金計算高ノ上ヨリ見ルモ使用許可ノ條件ヲ具フルトキハ監獄長ハ事由ノ發生後直チニ監督官廳ニ對シ其支出ヲ申請スヘシ。

本人ノ行状善良ナル場合ニ於テハ監督官廳ハ之ヲ認可スルコトヲ得。

作業賞與金ノ交付

第百四十八條

一 囚人釋放ノ際ニハ作業賞與金ノ計算上貸方ト借方トヲ差引シ貸方ノ高ヲ算出スヘシ。

二 作業賞與金ノ貸方計算高ハ刑事被告人ニ對シテハ其裁判カ無罪ノ言渡タルト有罪ノ宣告タルトヲ問ハス本人ヲ出監セシムヘキトキハ直チニ之ヲ交付スヘシ。刑事被告人カ豫審勾留ヨリ刑罰拘禁ニ移リタルトキハ刑ノ執行ヲ爲スヘキ監獄ニ作業賞與金ヲ送付シ本人ノ爲メ之ヲ保管セシムヘシ。

三 受刑者ニ交付スヘキ作業賞與金ハ放免ノ際保護ノ規定(第百九十二條)ニ基キ之ヲ處分ス。

四 作業賞與金ヲ交付セサル前ニ於テ出獄者カ新ナル犯罪ニ依リ起訴セラレタルトキハ作業賞與金ヲ留置スヘシ。本人自由刑ニ處セラレタルトキハ之ニ交付スヘキ賞與金ハ國庫ニ歸屬ス。

五　囚人カ現刑ノ滿期後引續キ内務省ノ管轄ニ屬セサル他ノ監獄ニ於テ刑期三月以上ノ刑ノ執行ヲ受クヘキトキハ本人ニ交付スヘキ賞與金ヲ當該監獄ニ送付スヘシ。引續キ執行ヲ受クヘキ刑カ三月以下ナルトキハ其刑ノ滿了後本人ノ保護ヲ託スヘキ免囚保護機關ニ賞與金ヲ送付スヘシ。囚人カ身體又ハ精神ノ疾病ニ因リ病院若クハ精神病院ニ送致セラルル場合ニ於テハ賞與金ハ千九百二年三月二十日發布ノ省令ニ依リ之ヲ處分スヘシ。

災害

第百四十九條

一　囚人カ監獄ヨリ課セラレタル作業ニ從事中災害ヲ受ケタルトキハ監獄醫ヲ立會ハシメ直チニ其事實ヲ査明スヘシ。

二　右ノ外災害ニ付テハ千九百年六月三十日ノ災害保險法ニ依リ手續ヲ爲スヘシ。

三　懲役監及ヒ普通監獄ニ於テ監獄ノ經理ニ關スル雜役ニ從事シタル囚人ニシテ千九百年六月三十日ノ法律ニ依リ災害賠償ノ請求權ヲ有セサル者若クハ其遺族ニ對シテハ大臣ハ申立ニ依リ前記法律ノ範圍內ニ於テ本人ノ現ニ有スル生計資本ノ程度ヲ斟酌シ取消條件ヲ附シテ災害救助金ヲ給與スルコトヲ得。

第五節　疾病、出生、死亡

病監

第百五十條

一　監獄ニ於テハ成ルヘク他ノ拘禁ノ場所ト隔離シテ病監ヲ設置スルコトヲ要ス。病監ニハ精神病者ヲ假ニ收容スルニ適當ナル場所ヲ備フヘシ。

二、雜居病室ハ病者一人ニ付キ少ナクモ二十五立方「メーテル」ノ空氣容量ヲ有スルコトヲ要ス。獨居病室ハ通例三十立方「メーテル」以上トス。病監內ニハ監獄醫ノ爲メ特別ノ室ヲ設ケ且病者ノ診斷ニ入用ナル醫療器械及ヒ其他ノ施設ヲ備フルコトヲ要ス。懲役監及ヒ大規模ノ普通監獄ニ於テハ藥局ヲ置キ藥劑ヲ貯フヘシ。其藥劑ハ多量ニ使用シ且腐敗ノ虞ナキモノヲ選ムヘシ。消毒ニ關スル施設ハ常ニ之ヲ完成スルコトヲ要ス。

第百五十一條

一　四人疾病ニ罹リタルトキハ監獄醫ヲシテ之ヲ治療セシムヘシ。

二　分房四人ハ治療ニ支障ナキ限リ其儘分房ニ拘禁シ置クヘシ、若シ病監ニ移ス必要アルトキハ成ルヘク獨居病室ニ收容スヘシ。

三　四人ノ分隔ニ關スル本則ノ規定（第七十一條及ヒ第八十條）ハ男性ト女性、幼年者ト成年者ノ隔離ニ關スルモノヲ除ク外病囚ニ付テハ之ヲ適用セサルコトヲ得。

四　特別ノ疾病ニ付キ監獄醫ノ要求アルトキハ監督官廳ハ他ノ醫師特ニ

專門醫ノ立會ヲ認可スルコトヲ得。在監者ノ疾病危篤ナル場合ニ於テ其患者カ受刑者ナルトキハ主管ノ敎誨師ニ通報シ、刑事被告人ナルトキハ敎誨師ノ外尙ホ所轄判事ニ通報スヘシ。監獄ニ於テ傳染病發生シタルトキハ其旨ヲ監督官廳ニ申報スヘシ。

特別ノ疾病ニ關スル規程

第百五十二條

一　肺癆、癩病及ヒ傳染性結膜炎ニ罹リタル者ハ健康者若クハ他ノ病者ト隔離スルコトヲ要ス。

二　傳染性疾患特ニ結核病ノ蔓延ヲ防止スル方法ハ監獄醫ニ於テ監獄長ト協議ノ上之ヲ定ム。

三　結核患者ハ左ノ規定ニ依リ特別ノ取扱ヲ爲スヘシ。

痰又ハ唾液ヲ居房ニ吐出シ又ハ手巾ニ包藏スルコトヲ許サス、必ス之ヲ唾壺ニ排出セシムヘシ。唾壺ニハ少量ノ水ヲ入レ不足ナキ樣配置スヘシ。結核又ハ結核疑似患者ヲ收容シタル監房ハ在房者ノ交代ヲ行フ際鄭重ニ掃除シ且成規ノ消毒ヲ行フヘシ。結核患者ニシテ就役ニ堪ユル者ニハ病毒ヲ他ニ傳播スル虞ナキ種類ノ作業ヲ選ミ且成ルヘク健康者ト隔離シタル場所ニ於テ就業セシムヘシ。特別ノ場合ニ於テハ監獄醫ハ結核患者ニ唾壺ノ下付若クハ携帶ヲ命スルコトヲ得。

病院移送

第百五十三條

一　監獄ニ於テ適當ノ治療ヲ施スコト能ハサル場合ニ於テハ監督官廳ノ認可ヲ經テ當該病者ヲ病院ニ移送シ又ハ刑ノ執行ノ中止ヲ申立ツヘシ。

二　逃走ノ疑アル囚人ニ付テハ刑ノ執行ノ中止ヲ申立ツルコトヲ得ス。病院移送ノ申立ハ疾病ノ性質カ逃走ヲ不可能ナラシムル場合ニ限リ之ヲ爲スコトヲ得。

三　病院移送ニ關スル費用ハ監獄之ヲ負擔ス。拘禁費用ヲ支拂フ囚人ニ付テハ監獄ヨリ其移送費用ノ取立ヲ裁判所ノ金庫ニ請求スヘシ。

四　入院治療ノ日數カ三月以上ニ亘ルヘキ見込ノ場合ニ於テハ大臣ノ認

可ヲ受クヘシ。

五　入院日數ノ刑期算入ニ付テハ第百七十九條及ヒ千九百三年十一月二十七日ノ訓令ヲ參照スヘシ。

監外醫ノ招聘

第百五十四條

一　民事囚ハ監獄長ノ認可、刑事被告人ハ判事ノ認可ヲ得タル上自費ヲ以テ監外ノ醫師ノ補助ヲ受クルコトヲ得。其他ノ囚人ニ付テハ監督官廳ニ於テ監獄醫及ヒ縣事務官並ニ縣醫務官ノ意見ヲ聽キ之ヲ許可スルコトヲ得。

二　自費ヲ以テ選擇シタル醫師ノ處方ハ法律若クハ監內規程ニ違背シ又ハ監獄ノ秩序ヲ害セサルモノニ限リ之ヲ執行セシムルコトヲ許ス。

精神病

第百五十五條

一　囚人カ精神病ノ疑アル場合ニ於テハ監獄長ハ監獄醫及ヒ監獄官會議ノ意見ヲ聽キ、視察及ヒ治療ノ爲メ患者ヲ所轄精神病監ニ移送セシムヘキ旨ヲ遲滯ナク監督官廳ニ申立ツヘシ。申立書ニハ左ノ書類ヲ添附スヘシ。

イ　監獄醫ノ意見書。

ロ　監獄官會議議事錄ノ拔萃。

ハ　當該囚ノ身分帳簿。

二　申立ニ付テハ縣醫務官ノ意見ヲ聽キ速ニ許否ノ決定ヲ爲スヘシ。

三　精神病監ニ收容スルニハ監督官廳ノ指揮アルコトヲ要ス。精神病監ニ送致スルマテノ間ハ監獄ノ病監ニ於テ適當ノ處遇ヲ爲スヘシ。

四　精神病監ニ於テハ監獄醫ノ意見ニ依リ疾病ハ本人ノ假裝ニ出タルヤ否又其疾病ハ普通ノ行刑ニ耐ヘ得ヘキ程度ニ回復シタルヤ若クハ長期間或ハ永久ニ精神病ノ爲メ行刑不能ナルヤ否ヲ決定スルマテノ間本人ヲ留置スヘキモノトス。此決定ハ收容後六月內ニ之ヲ爲シ、其以上本人ヲ精神病監ニ留置スヘカラス。但監獄醫ノ視察ノ結果引續キ本人ニ治療ヲ加フルニ於テハ再ヒ普通ノ行刑ニ復歸セシメ得ヘキ見込アル場合ニ於テ監督官廳ノ認可ヲ得タルトキハ六月以上留置ヲ繼續スルコトヲ得。本人カ精神病ヲ假裝シタルカ又ハ受刑能力ヲ回復シタルトキハ所轄監督官廳ハ本人ヲ刑ノ執行ヲ受クヘキ監獄ニ還送スヘキ旨ヲ命令スヘシ。監獄醫ニ於テ本人ハ精神病ノ爲メ長期間或ハ永久ニ行刑能力ヲ喪ヒタルモノト診斷シタルトキハ監督官廳ハ所轄檢事長ト協議ノ上本人ノ釋放ヲ大臣ニ申立ツヘシ。大臣ハ司法大臣ト合議ノ上之ヲ決定ス。釋放ノ申立ニハ監獄醫ノ診斷書、檢事長ノ意見書及ヒ身分帳簿ヲ添附スヘシ。

五　精神病ノ疑アル受刑囚ヲ精神病監ニ移送シタルトキハ監獄長ハ監獄醫ノ意見ヲ聽キ精神病監ノ所在地ヲ管轄スル縣恤救組合ニ對シ直チニ移送ノ屆出ヲ爲スヘシ。此屆書ニハ身分帳簿ニ代ヘ身上表ノ寫ヲ添附スヘシ。精神病囚ニ付キ釋放ノ申立ヲ爲シタルトキハ精神病監ノ監獄長ハ監獄醫ノ診斷書ノ寫ヲ添ヘ其旨ヲ直チニ前記ノ縣恤救組合ニ報告シ、且同組合ニ於テ何時ニテモ本人ヲ引取リ收容スル手配ヲ爲シ、其準備整ヒタル上ハ其旨ヲ精神病監ニ通知スヘキコトヲ請求スヘシ。監獄長ハ之ト同時ニ精神病監所在地ノ町村恤救組合ニ對シ近日精神病囚ノ釋放ヲ行フヘキ旨ヲ通告スヘシ。縣恤救組合ニ於テ引取收容ノ手配ヲ爲ササル前ニ釋放命令到達シタルトキハ町村恤救組合ニ引取方ヲ委託スヘシ。町村恤救組合カ委託ニ應セサルトキハ地方恤救組合ニ對シ千九百四年七月十三日ノ訓令ニ依リ手續ヲ爲スヘキ旨ヲ催告スヘシ。

六　女囚ハ監督官廳ノ認可ヲ得テ視察及ヒ治療ノ爲メ公立精神病院ニ送付スルコトヲ得。入院費用ハ監獄ニ於テ之ヲ負擔スヘシ。視察及ヒ治療ノ成績ハ入院後三月ヲ經過シタル後大臣ニ之ヲ報告スヘシ。右ノ外前數項ノ規定ハ女囚ニ之ヲ準用ス。

七　精神病ニ罹リタル其他ノ在監者ノ拘禁方法ハ刑事被告人ニ付テハ裁

判官、民事囚ニ付テハ執行官廳之ヲ定ム。　精神病監ニ収容セシムヘキヤ否ハ監督官廳之ヲ決ス。

八　精神病者トシテ精神病監ニ収容セラレ其視察ヲ經タル上、一旦釋放セラレタルモ、其後疾病回復シタルモノトシテ行刑ノ爲メ再入監ヲ命セラレタル受刑者ハ拘禁區分ノ一般規定ニ依ル所轄監獄ニ之ヲ収監セス先ニ釋放シタル精神病監ニ之ヲ収容シ、新ニ視察ヲ爲サシム。　精神病監ニ於テ視察ノ結果行刑能力ヲ回復シタルモノト決定スルトキハ本人ヲ普通ノ行刑ニ付シ、然ラサルトキハ再度執行中止ノ申立ヲ爲スヘシ。

出生

第百五十六條

一　懷胎後入監シタル女受刑囚ニシテ刑期一年以上ノ懲役又ハ禁錮ヲ執行スヘキ者ハ監獄内ニ於テ分娩セシムルヲ通則トス。　婦女ノ分娩カ監獄ノ狀況ニ依リ實行不能ナルカ又ハ大ナル困難ヲ伴フトキハ出産期ニ近ツキタルトキニ於テ懷胎ノ女囚ヲ公立分娩院ニ移送スルコトヲ得。

此場合ニハ刑事訴訟法第四百九十三條(第百七十九條)ヲ適用ス。

二　刑期一年以下ノ禁錮ニ處セラレタル懐胎ノ女囚ニシテ監獄外ニ於テ分娩ヲ爲シ得ヘキ確實ナル居所ヲ有シ且其境遇ニ徵シ釋放中逃走ノ虞ナシト思料スヘキトキハ刑ノ執行指揮官廳ト協議ノ上分娩ノ時期ニ限リ一時之ヲ釋放スルコトヲ得。　其他ノ場合ハ本條第一項ノ規定ニ依ルヘキモノトス。

三　懐胎ノ女囚カ刑事被告人ナルトキハ監獄ノ内外何レニ於テ分娩セシムヘキカハ裁判官之ヲ決定ス。

四　監獄内ニ分娩シタル兒童ハ監獄醫ニ於テ必要ト認メタル期間ニ限リ其母ノ許ニ乳養セシムルコトヲ許ス、但滿一歲以上ニ亘ルコトヲ得ス。乳兒ノ健康ヲ害スルコトナクシテ母ヨリ分離シ得ヘキトキハ養育ノ爲メ親族又ハ町村恤救組合ニ之ヲ交付スヘシ。　乳兒ヲ有スル母囚ハ分房ニ之ヲ拘禁スヘク、特別ノ手當ヲ加フル必要アルトキハ病監ノ一室ニ之ヲ拘禁スヘシ。乳兒ノ處遇及ヒ母囚ノ食糧、被服、臥具、運動等ニ關スル特別ノ取扱ハ監獄醫ノ意見ニ依リ之ヲ定ム。

死亡

第百五十七條

一　在監者死亡シタルトキハ監獄醫ハ死亡ノ事實及ヒ其原因ヲ查明スヘシ。死亡者ノ兩親又ハ配偶者又ハ子ノ一人又ハ兄弟ノ一人ニ對シテハ直チニ死亡ヲ通知シ(必要ニ應シ電信ヲ以テ)且是等ノ者カ遺骸ノ交付又ハ自費埋葬ヲ請フヤ否ヲ問合スヘシ。死亡ノ通知ヲ受ケタル者遺骸ノ交付及ヒ自費埋葬ヲ拒絕スルカ又ハ指定シタル期間內ニ回答セサルトキハ刑事被告人、民事囚、拘留囚及ヒ護送途中ノ囚人ノ遺骸ハ埋葬ノ爲メ之ヲ市町村警察官廳ニ引渡スヘシ。其他ノ囚人ノ遺骸ハ一定ノ解剖所ニ送付スヘシ。上記ノ親族ニ屬セサル者ハ遺骸ノ下付ヲ請求スル權利ヲ有セサルモノトス。監督官廳ハ之ニ關スル除外例ヲ認許スルコトヲ得。囚人カ疾病ノ末期ニ於テ大ナル內心ノ不安ヲ除カン爲メ自己ノ發意ニヨリ解剖ニ付セサランコトヲ明確ニ請求シタル場合ニ於テハ監獄ハ自ラ埋葬ノ手續ヲ爲スヘシ。監獄ニ於テ墓地ヲ有スルトキハ其地域內ニ遺骸ヲ埋葬シ、然ラサルトキハ埋葬ノ爲メ遺骸ヲ市町村警察官廳ニ交付スヘシ。

二　埋葬費ハ四人ノ遺留金品ヲ充用シテ之ヲ支辨スヘシ。作業賞與金ヲ加フルモ尙ホ埋葬費ヲ支辨スルニ足ラサルトキハ豫算第九十六款第十項第一號ノ費目ヨリ之ヲ支出スヘシ。

自殺

第百五十八條　四人カ自殺シタルトキハ其顚末ヲ調査シ、調査書類ニ監獄醫ノ檢案書ヲ添ヘ監獄ノ所在地ヲ管轄スル裁判所ノ檢事局ニ送付スヘシ。檢事局ノ許可アリタル後ニ非サレハ遺骸ヲ解剖所ニ送致シ又ハ之ヲ埋葬ニ付スルコトヲ得ス。監督官廳ニ對シテハ身分帳簿ヲ添ヘ自殺ニ關スル報告ヲ爲スヘシ。

解剖所ヘ遺骸ノ送付

第百五十九條

一　遺骸ハ原形ノ儘之ヲ解剖所ニ送付スヘシ。

二　監獄醫ノ理由ヲ具ヘタル要求アルトキハ監獄長ハ解剖所長ニ對シ解剖ノ結果ヲ報告センコトヲ囑託スヘシ。

三　解剖所カ監獄所在地ニ在ルトキハ報告ヲ受タル後三日以内ニ遺骸ヲ引取ルヘシ。監獄ノ所在地外ニ在ル解剖所ニハ鐵道便、若シ一層便利ナルトキハ便宜馬車便ヲ以テ遺骸ヲ送致スヘシ。此場合ニ於テハ送致ノ旨ヲ豫告スヘシ。遺骸ノ運搬ニ付テハ之ニ關スル警察ノ規則ヲ遵守スヘシ。

四　遺骸交付ニ關スル費用ハ解剖所ノ負擔トス。

出生及ヒ死亡ノ届出

第百六十條

一　監獄長ハ出生及ヒ死亡ニ付キ戶籍吏ニ對シテ爲スヘキ成規ノ届出ヲ誤ラサル樣注意ヲ加フヘシ。

二　出生届ハ産婆、死亡届ハ監獄醫ニ於テ之ヲ爲スヘシ。届書ニハ町名及ヒ番地ノミヲ記載シ、懲役監又ハ普通監獄ノ名ヲ用ウヘカラス。

三　後見人ヲ要スル子ノ出生ハ後見裁判所ニ之ヲ報告スヘシ。

四　死亡ハ刑ノ執行指揮官廳及ヒ死亡者ノ最終居住地ノ警察官廳ニ之ヲ届出ツヘシ。

第六節　教誨及ヒ教育

第百六十一條

一　在監者各自ノ宗派ニ屬スル僧侶ノ慰藉奬勵ヲ受ケンコトヲ請フトキハ之ヲ拒ムコトヲ得ス。

二　各種ノ宗派ニ屬スル囚人ヲ收容スル監獄ニ於テ一宗派ノ囚人ノ數カ平均十人以上ナルトキハ其宗派ノ爲メ教誨師ヲ置クヘシ。教誨師ヲ置カサル宗派ニ屬スル囚人ハ其所屬宗派ノ僧侶ヨリ慰藉奬勵ヲ受ケンコトヲ請願スルコトヲ得。勸話ノ爲メ出頭シタル僧侶ニハ監獄ノ執務時間中ハ四人トノ面接ヲ拒ムコトヲ得ス。

三　四人カ改宗ヲ申出タルトキハ先ツ其所屬宗派ノ僧侶ニ依リ三月間視察ヲ遂ケシメタル後、改宗セントスル理由ヲ開示シテ其旨ヲ大臣ニ申報スヘシ。

神事式

第百六十二條

一　各監獄ニ於テハ拜禮ヲ勤行スル爲メ一定ノ場所ヲ設クルコトヲ要ス。場所ノ設備ハ簡潔嚴肅ヲ旨トシ且宗教上ノ條規ニ適合セシムヘキモノトス。

二　基督教各派ノ禮拜ハ同一ノ場所ニ於テ之ヲ行フ。猶太教ノ禮拜ハ特ニ設ケタル場所ニ於テ之ヲ行ヒ又ハ教室ヲ以テ之ニ充ツヘシ。

三　日曜日、本則ニ揭ケタル宗教上ノ祭日(第百四十五條)及ヒ國王ノ誕生日ニハ教誨堂ニ於テ基督教ノ四人ニ對シ其宗派ノ儀式ニ依リ正式ノ禮拜ヲ行ヒ、其他各週ノ定日ニハ略式ノ勤行(聖書ノ捧讀祈禱)ヲ爲スヘシ。

神事式ニ於ケル在監者ノ參加

四　勤行ノ時間ハ監獄長及ヒ敎誨師ノ意見ヲ聽キ監督官廳之ヲ定ム。正式禮拜ノ時間ハ一時間乃至一時三十分間トシ、略式勤行ノ時間ハ一時間以下トス。

五　每年少クモ四回殊ニ耶蘇昇天祭ノ時機ニ於テ四人ニ懺悔式及ヒ聖餐式ニ參加スル機會ヲ與フヘシ。

六　病監ニ於テハ一般ノ勤行ニ參加スルコトヲ得サル病者ノ爲メ祈禱式ヲ行ハシムヘシ。

七　上記ノ規定ハ猶太宗ノ囚人ニ之ヲ準用ス。

第百六十三條

一　囚人ハ孰レモ自己ノ屬スル宗派ノ禮拜式及ヒ祈禱式ニ參加スヘキモノトス。監獄長ハ豫メ敎誨師ノ意見ヲ聽キ除外例トシテ神事式ニ於ケル參加ヲ免スルコトヲ得。此場合ニ於テ敎誨師ト意見ノ一致ヲ缺クトキハ監督官廳ニ之レカ裁決ヲ請フヘシ。

二　民事囚及ヒ刑事被告人ハ神事式ニ於ケル參加ヲ强制セラルルコトナシ。刑事被告人ハ違警罪ノ嫌疑ニ依リ拘留セラレタル者ヲ除ク外裁判官ノ認可アルトキニ限リ一般ノ勤行ニ參加スルコトヲ得。

三　宗敎上ノ救濟式ニハ囚人ノ參加ヲ强要スルコトヲ得ス。

四　自己ノ屬スル宗派ノ爲ニハ禮拜式及ヒ祈禱式ノ設ナキ囚人カ他ノ宗派ノ勤行ニ參加センコトヲ請フトキハ監獄長ハ敎誨師ノ同意ヲ得タル上何時ニテモ取消シ得ヘキ旨ノ條件ヲ附シ之ヲ許スコトヲ得。

教育

第百六十四條

一　監獄ニ七日以上拘禁セラルル幼年囚ニハ小學校ニ於テ授クル科目ニ付キ敎育ヲ施ス。幼年ノ刑事被告人ハ裁判官ノ許可ニ依リ敎育ニ參加スルコトヲ得。

二　三十歲以下ノ成年囚ニシテ刑期三月以上ノ懲役又ハ禁錮ノ執行ヲ受クル者ニモ亦必要ニ應シ前項ノ敎育ヲ授ク。

三　教育ノ施行ニ付テハ千八百九十六年四月二十六日ノ訓令ノ規定ヲ適用ス。

第百六十五條

一、基督教ノ囚人ニハ新約聖書、讃美歌及ヒ監獄ニ於テ行ハル、基督宗派ノ讃美歌集、他ノ囚人ニハ其宗派ニ適當ナル經典ヲ交付スヘシ。他ノ書籍及ヒ印刷物ニ付テハ懲役囚、禁錮囚及重拘留囚ニハ監獄備付ノ物ニ限リ之ヲ看讀スルコトヲ許ス。上記規定ノ例外（例外トシテハ分房囚ニ新聞紙ノ看讀ヲモ許スコトヲ得）ハ監獄長監獄官會議ノ意見ヲ聽キ之ヲ許ス。

二　囚人ハ交付セラレタル書籍ヲ大切ニ保管シ鄭重ニ取扱フ義務ヲ負フ。

三　輕拘留ノ受刑者及ヒ民事囚ハ自巳ノ書籍及ヒ印刷物ヲ看讀スルコトヲ得。其監視ハ監獄長之ヲ爲ス。刑事被告人ニ自己ノ書籍及ヒ印刷物ノ看讀ヲ許可スルヤ否ハ裁判官之ヲ定ム。

第七節　接見及ヒ書信

接見

第百六十六條

一　懲役囚ニハ三月毎ニ一回、禁錮囚及ヒ拘留囚ニハ毎月一回、監獄官吏ノ立會ノ下ニ親族(兩親、兄弟、配偶者、子)ト接見スルコトヲ許ス。特別ノ場合ニ於テハ親族ニ非サル者ノ接見ヲ許スコトヲ得。接見ハ監獄ノ接見室ニ於テ之ヲ爲サシム。接見室ハ四人ト接見者トカ鐵網製ノ格子ニ依テ互ニ隔離セラルヽ樣設備スヘシ。右規定ノ例外ハ監獄長之ヲ認許ス。交談ノ用語ハ立會官吏ノ解シ得ル言語タルコトヲ要ス。

二　民事囚ハ監獄ノ秩序ヲ害セサル限リ立會ナクシテ接見スルコトヲ得。刑事被告人ノ接見ニ付テハ裁判官其要件ヲ定ム。刑事被告人ニ對シ何レノ日ヨリ立會ナクシテ辯護人ト交談スルコトヲ許スヘキヤハ監獄長ニ之ヲ通告スヘシ。

通則（第六十六條乃至第七十條參照）

書信

第百六十七條

一　受刑囚ノ書信ハ監獄長之ヲ檢閱シ、刑事被告人ノ書信ハ裁判官之ヲ檢閱ス。

二　懲役囚ハ三月每ニ一回、禁錮囚及ヒ拘留囚ハ每月一回書信ヲ發受スルコトヲ得。書信ハ通例親族間（兩親、兄弟、配偶者、子）ニ限ルモノトス。之ニ關スル例外ハ監獄長ニ於テ之ヲ認許ス。

三　民事囚ノ書信ハ濫用ノ事實ナキ限リ之ヲ制限セス。

四　在監者カ再審ノ申立ヲ爲ストキハ之ニ關スル刑事訴訟法ノ規定ヲ說示シ、特赦及ヒ假出獄ノ申立ヲ爲ストキハ之ニ關スル規定（第百八十一條、第百八十二條）ヲ說示スヘシ。

五　在監者無筆ナルトキハ其私翰ハ教誨師又ハ教師、官公署ニ宛タル文書ハ書記之ヲ代書スヘシ。在監者カ他ノ在監者ノ爲メニ代書スルコトハ之ヲ許サス。有價物及ヒ書留信書ノ發送ニ付キ必要ナル證明書ハ監獄長之ヲ作成ス。郵税未納ノ信書ハ受信人タル在監者ニ於テ郵税ヲ支拂フ資力ヲ有シ且支拂ヲ承諾スルニ非サレハ之ヲ返戻スヘシ。發送信書ノ郵税ハ作業賞與金ニ供用シ得ヘキ作業收入ノ六分ノ一ヨリ之ヲ支出ス。

六　文具ハ監獄ヨリ之ヲ交付スヘシ。

七　囚人ノ信書ハ通例日曜日ニ於テ之ヲ執筆セシメ、特ニ急速ヲ要スルトキハ通常日ニ於テモ之ヲ執筆セシム。獨居囚ハ分房ニ於テ、雜居囚ハ夜間分房又ハ官吏ノ立會ノ下ニ教場ニ於テ執筆ス。信書ヲ認メンコトヲ請ラ囚人ハ毎週ノ初ニ其旨ヲ看守ニ願出ツヘシ。看守ハ其請願ヲ受持簿ニ記入シ看守長ニ提示ス。看守長ハ之ニ據リ囚人ノ氏名ヲ書信簿ニ記入シ、其週ノ終了前ニ之ヲ監獄長ニ提出シテ其決定ヲ求ムヘシ。裁判所又ハ囚人ノ法律事項ノ輔佐人ニ發送スヘキ文書ニシテ法定期間ノ遵守又ハ権利ノ保全ニ必要ナルモノハ何時ニテモ其執筆ヲ許可スヘシ。

八　信書ノ執筆ヲ許可セラレタル囚人ニハ一葉ノ書翰用紙ト二枚ノ封筒ヲ交付ス。二枚ノ封筒ノ内大形ノ分ニハ囚人ノ氏名及ヒ「監獄長殿」ノ文字ヲ表示ス。囚人ノ認メタル信書ハ小形ノ封筒ニ入レ、其表面ニ受信者ノ宿所氏名ヲ記シ之ヲ大ナル封筒ニ入レ、囚人自ラ封緘スヘシ。看守長ハ信書ヲ取集メ之ヲ監獄長ニ提出スヘシ。

九　裁判所、検事局及ヒ監督官廳ニ宛テタル文書ハ其發送ヲ拒ムコトヲ得ス。爾餘ノ官廳ニ宛テタル文書ハ誹議其他刑罰法規ニ觸ルル内容ヲ有スルモノニ限リ之ヲ留置ス。監獄長ハ第一段ニ掲ケタル文書ニ付テハ何等ノ處分ヲ為スコトヲ得ス。

信書ノ取扱

第百六十八條

一　受刑囚ノ信書ノ取扱

(イ)私翰

一　囚人ノ發受スル私翰ノ内容ハ監獄長、女監長及ヒ敎誨師ニ限リ之ヲ知得スルコトヲ得。監獄長ハ其知リ得タル信書中當該囚ノ性質ヲ判定スル上ニ於テ重要ノ資料ト認メタルモノヲ監獄官會議ニ報告スルコトヲ得。

二　受信ハ監獄長自身開封シテ之ヲ閲讀ス。其内容ニ於テ不都合ナキモノハ監獄長自身ニ又ハ敎誨師ニ託シテ之ヲ囚人ニ交付ス。監獄長カ信書ノ内容ニ依リ囚人ニ交付スルヲ不適當ト認メタルトキハ囚人ニ對シ不交付ノ旨ヲ告知シ、必要アル場合ニハ不都合ナキ部分ノミヲ申聞ケ、其信書ハ差支アル箇所ヲ指示シテ身分帳簿ニ合綴スヘシ。信書ノ下付ハ成ルヘク迅速ニ其手續ヲ爲スコトヲ要ス。下付ノ日附ハ信書ノ上ニ明記スヘシ。囚人ハ自己ノ手許ニ在ル信書ヲ一定ノ書翰袋ニ入レ之ヲ保管スヘシ。濫用ノ事實アルトキハ之ヲ取上ケタル上身分帳簿ノ中ニ保存シ置クヘシ。各種ノ繪端書ハ受刑囚ニ交付スルコトヲ許サス。

三　發信ハ監獄長之ヲ檢閲シ其内容ニ於テ不都合ナキトキハ閲了ノ旨ヲ

（ロ）官公署ノ書面

自書シ之ヲ教誨師ノ閲覧ニ付スヘシ。教誨師ハ信書ヲ封緘シ、發送ノ爲メ之ヲ書記ニ交付ス。信書ノ發送ハ成ルヘク迅速ニ之ヲ取扱ヒ、少クモ信書ヲ認メタル週間內ニ發送ヲ了スルコトヲ要ス。發送ヲ許可セサル場合ニ於テハ四人ニ對シ其不許可ノ部分ヲ示シ、信書ハ身分帳簿ニ之ヲ合綴スヘシ。

四　官公署又ハ裁判所ノ發送ニ係ル文書ハ監獄長之ヲ披閲シ、監獄長自身ニ又ハ書記ノ手ヲ經テ之ヲ本人ニ交付シ、交付ノ日時ヲ其文書ニ明示スヘシ。文書ハ三日間本人ノ手許ニ差置キタル後、本人ノ身分帳簿ノ中ニ之ヲ保存シ置クヘシ。本人ノ請求アルトキハ其再讀ヲ許ス。

五　監督官廳、檢事局及ヒ裁判所ニ宛タル文書ハ監獄長之ヲ檢閲シタル上閲了ノ旨ヲ自書シ、受付ノ日附ヲ附記シ、發送ノ爲メ之ヲ書記ニ交付ス。發送ノ手續ヲ爲シタルトキハ其事實ヲ身分帳簿ニ記載シ置クヘシ。爾餘ノ官廳ニ宛タル文書ハ私翰ト同樣ノ取扱ヲ爲スヘシ。

六　囚人ノ信書ハ發受ヲ許サヽリシモノヲ除ク外釋放ノ際悉ク之ヲ本人ニ交付スヘシ。

二　刑事被告人ノ信書ノ取扱

七　刑事被告人ノ信書ノ取扱ハ裁判官ノ定ムル所ニ依ル。受信ハ封ノ儘之ヲ裁判官ニ提出スヘシ。裁判官之ヲ監獄ニ交付シタルトキハ書記之ヲ受ケ其旨ヲ信書ノ上ニ明示シ且身分帳簿ニ記載スヘシ。

八　信書認方ノ申請ハ裁判官ニ之ヲ提出スヘキモノトス。裁判官ノ認可アリタルトキハ受刑囚ニ對スル手續ト同一ノ方法ニ依リ刑事被告人ニ執筆ノ機會ヲ與フヘシ。外皮ニ用ウル封筒ニハ被告人ノ氏名ノ外被告事件ノ記錄番號ヲ記シ、監獄長ノ宛名ノ代リニ裁判官ノ宛名ヲ表示シ置クヘシ。

九　裁判官ハ刑事被告人カ何レノ時ヨリ檢閲ヲ經スシテ辯護人ト文通スルコトヲ得ルヤヲ監獄長ニ通告スヘシ(第百六十六條第二項)。

十　刑事被告人ノ書信ニ關スル命令及ヒ其執行ハ成ルヘク迅速ニ之ヲ完了スルコトヲ要ス。
十一　未決勾留終了シタルトキハ不許可處分ニ付シタルモノヲ除ク外他ノ信書及ヒ書類ヲ本人ニ交付スヘシ。

第八節　懲罰

第百六十九條　受刑囚ニ對スル懲罰トシテ其適用ヲ許スモノ左ノ如シ。
一　叱責。
二　三月以下ノ期間內ニ於テ監內規程ニ依ル優遇、殊ニ自辨糧食、自營作業、自辨ノ被服臥具及ヒ書籍ノ使用、接見、書信、作業賞與金ノ使用ヲ禁止スルコト並ニ最近三月分ノ額ニ達スル範圍內ニ於テ作業賞與金ヲ削減スルコト。
三　四週間以內ノ書籍及ヒ印刷物ノ看讀禁止。

四　獨居囚ニ付テハ一週間以內ノ就業禁止。
五　一週間以內ノ運動禁止。
六　一週間以內ノ臥床臥具ノ禁止。
七　一週間以內ノ減食。減食ハ朝餐、午餐若クハ晩餐ニ於テ暖食物ヲ給セス又ハ糧食ヲ水及ヒ麪麭ノミニ制限スルニ依リテ之ヲ爲シ隔日ニ之ヲ執行ス。
八　四週間以內ノ施械。
施械ハ左ノ方法ニ依リテ之ヲ爲ス。
イ　簡單ナル手械ヲ施シ兩手ヲ長サ五十「チエンチメートテル」ノ鐵棒ニ繋鎖スルコト。
ロ　鎖ヲ付シタル足械ヲ施シ一足若クハ兩足ヲ繋鎖スルコト。
ハ　手足共ニ施械スルコト。但兩手ヲ背後ニ禁縛シ又ハ歩行ヲ妨クル程度ニ於テ兩足ヲ繋鎖スルコトハ之ヲ許サス。

九　屛禁。

屛禁ハ左ノ方法ニ依リテ之ヲ行フ。

イ　六週間以內ノ輕屛禁。　輕屛禁ヲ科シタル者ハ分房ニ拘禁シ、就業ヲ禁止シ且宗敎外ノ書籍ノ看讀ヲ禁止ス。　又午餐及ヒ晚餐ニ於ケル煖食物ノ規定分量ヲ減シ、午餐ノ分ハ四分ノ三「リーテル」、晚餐ノ分ハ二分ノ一「リートテル」ニ降下ス、但醫師ニ於テ健康上障害ナシト認メタルトキニ限ル。

ロ　六週間以內ノ中屛禁。　中屛禁ヲ科シタル者ハ罰房ニ拘禁シ、就業及ヒ書籍ノ看讀ヲ禁止シ、尙ホ加重ノ方法トシテ木製ノ臥床ヲ用ヰシメ糧食ヲ水ト麵麭ノミニ制限ス。　四日目、八日目、十一日目、其以後ハ各三日目ニ前揭(イ)ト同一ノ減量食ヲ給シ且木床ニ藁蒲團、枕及ヒ上被ヲ追加ス。

ハ　四週間以內ノ重屛禁。　重屛禁ニ在テハ罰室ヲ暗クス。　右ノ外重屛禁ノ執行ハ中屏禁ニ同シ、但加重ヲ免スル日ニハ罰室ヲ元ノ如クス。

二　屏禁ニ處セラレタル者ニハ監內規程ニ依ル運動ヲ爲ス時ニ限リ房外ニ出ツルコトヲ許ス（第百四十一條）。

十　三十度以下ノ笞罰。笞罰ハ懲役男囚ニシテ官吏、作業請負人又ハ其使用人ニ暴行ヲ爲シタル者ニノミ之ヲ適用スルコトヲ得。笞罰ヲ執行スルニハ受罰者ニ襦袢ト布製ノ股衣ノミヲ著セシメ之ヲ架臺ノ上ニ置キ嚴ク手足ヲ禁縛シ臀部ノ皮膚ヲシテ十分緊張スルノ程度ニ至ラシメタル上、特選シタル一定ノ看守短柄ヲ附シタル長サ五十「チエンチメートル」廣サ約二「チエンチメートル」ノ革鞭ヲ以テ臀部ノ上ヲ敲撻ス。打擊ハ急速力ヲ以テ間斷ナク之ヲ繼續シ、執行ヲ終ルマテ中止スヘカラサルモノトス。執行中間隔ヲ置キ所定ノ度數ニ達スルコトハ之ヲ許サス。笞罰執行ノ際ニハ監獄長、書記、看守長、若シ差支アルトキハ其代理者ノ立會アルコトヲ要ス。監獄醫ハ笞罰ノ執行ニ立會ヲ請求スルコトヲ得。監獄醫カ笞罰ヲ續行スルニ於テハ受罰者ノ健康上繼續的ノ障害ヲ來ス虞アリト思料シ中止ヲ命シタルトキハ其指揮ニ因リ笞罰ノ執行ヲ中止ス。

他ノ官吏又ハ囚人ハ笞罰執行ノ場所ニ現在スルコトヲ許サス。笞罰ノ執行ニ付テハ書記調書ヲ作リ、立會官吏ヲシテ之ニ署名セシメ、其調書ハ身分帳簿ニ之ヲ合綴スヘシ。

輕拘留ノ受刑者ニハ一號乃至七號、九號(イ)及ヒ(ロ)ニ掲ケタル懲罰ニ限リ之ヲ適用スルコトヲ得。十八歲未滿ノ幼年囚ニハ如何ナル場合ニ於テモ施械及ヒ重屏禁ヲ科スルコトヲ得ス。輕屏禁及ヒ中屏禁ハ四週間以內ニ限リ之ヲ許ス。幼年囚ノ學事ニ關スル犯則ニ付テハ小學校ニ於テ同性同年齡ノ生徒ニ對シ適用スルコトヲ得ヘキ懲戒處分ヲ行フコトヲ得。杖罰ハ一「チエンチメーテル」强ノ杖ヲ以テ十度以內背部又ハ臀部ノ上ニ打擊ヲ加フル方法ニ限リ之ヲ許ス。

一號乃至四號ノ懲罰ハ之ヲ倂科スルコトヲ得。屏禁ハ作業賞與金ノ削減（二號）ト併科スルコトヲ得。少クモ屏禁期間中ハ作業賞與金ノ使用ノ禁止ヲ併科スルコトヲ要ス。

懲罰ノ言渡

第百七十條

一　受刑囚ニ對スル懲罰ハ本人ヲ審問シタル上監獄長之ヲ言渡ス。四週間以上ノ中屏禁、十四日以上ノ重屏禁及ヒ施械ヲ科スヘキ場合ニハ監獄官會議及ヒ監獄醫ノ意見書ヲ添ヘ監督官廳ノ認可ヲ受クルコトヲ要ス。上記ノ懲罰並ニ笞罰ヲ科スル場合ニ於テハ監獄長ハ懲罰事犯ニ付キ在監者、官吏及ヒ其他ノ證人ヲ訊問シ、調書ヲ以テ其事實ヲ確定スヘシ。審問ニハ高級官吏ノ一人ヲ立會ハシメ、監獄長自ラ之ヲ爲スヘキモノトス。

二　笞罰ハ監獄官會議ノ多數カ同意ヲ表シ且監獄醫カ其執行ニ因リ四人ノ健康上繼續的障害ヲ來ス虞ナキコトヲ證明シタル場合ニ限リ直チニ之ヲ執行スルコトヲ得。其他ノ場合ニ於テハ監獄官會議ノ議事錄及ヒ監獄醫ノ意見書ヲ提出シテ監督官廳ノ決定ヲ求ムヘク、其決定アルマテハ懲罰ノ執行ヲ停止スヘキモノトス。

三　第百六十九條五號乃至十號ニ掲ケタル懲罰ノ言渡ハ處分後直チニ身分帳簿ヲ添ヘテ之ヲ監獄醫ニ通告スヘシ。此手續ヲ履行シタルコトハ身分帳簿ニ之ヲ記入スヘシ。執行ニ對シ疑義アルトキハ監獄醫ハ二十四時間內ニ之ヲ申述スヘシ。疑義ノ申出ハ身分帳簿ニ之ヲ記載スヘシ。減食ヲ附加シタル數個ノ懲罰ヲ執行スヘキトキハ其間ニ少クモ十日ノ間隔アルコトヲ要ス。其期間ハ四人ノ營養狀態ヲ斟酌シテ之ヲ定ム。減食、屛禁及ヒ施械ノ執行中ハ監獄醫ニ於テ少クモ三日每ニ一回四人ヲ訪問スヘシ。懲罰ヲ繼續スルトキハ四人ノ健康ヲ害スル虞アリト思料スル場合ニ於テハ監獄醫ハ直チニ書面ヲ以テ其旨ヲ監獄長ニ申告スヘシ。此書面ハ身分帳簿ニ之ヲ合綴スヘシ。如上ノ申告アリタルトキハ監獄長ハ懲罰ヲ中止シ、爾後監獄醫ノ意見ニ依リ本人ノ健康狀態カ懲罰ニ堪ユルニ至リタルトキ始テ之ヲ再行セシムヘシ。

四　七日以上ノ屏禁又ハ施械ニ付テハ其執行ヲ終リタル日、笞罰ニ付テハ其執行ヲ終リタル後即時ニ監獄醫ヲシテ受罰者ヲ診察セシメ、其結果ヲ身分帳簿ニ記入セシムヘシ。醫療中若クハ視察中ノ囚人ニ對スル懲罰ニ付テハ總テ監獄醫ノ承諾アルコトヲ要ス。監獄醫ノ承諾アリタルコトハ身分帳簿ニ之ヲ記入スヘシ。

懲罰ノ記帳

第百七十一條　懲罰ハ其事犯ノ要領ヲ摘示シテ身分帳簿ニ之ヲ記入スヘシ。此記入ニハ囚人カ事實ヲ自白シタルヤ又ハ否認シタルヤヲ表示スヘシ。其他事犯ノ取調ニ關スル調書（第百七十條第一項）ハ之ヲ身分帳簿ニ合綴スヘシ。懲罰處分表ハ成規ノ樣式ニ從ヒ毎月一回之ヲ監督官廳ニ提出スヘシ。七日以上ノ屏禁、施械及ヒ笞罰ヲ科シタル者ノ身分帳簿ハ縣事務官巡閲ノ際其閲覽ニ供スヘシ。

護送ノ途中ニ於ケル事犯ノ懲罰及ヒ

第百七十二條

一　監督官廳ハ受刑者カ監獄ニ護送セラルル途中ニ於テ犯シタル事犯ニ

他ノ所轄官廳ニ於テ言渡シタル懲罰ノ執行

刑事被告人ノ懲罰

刑罰法規ニ觸ルル行爲ニ付テノ手續

付キ懲罰ヲ科シ、護送ヲ受ケタル監獄ニ於テ之ヲ執行セシムルコトヲ得。

二　他ノ管轄官廳ニ於テ言渡シタル懲罰ニシテ受罰者ヲ內務省所轄ノ監獄ニ移送シタル爲メ其全部又ハ一部ヲ執行スルコトヲ得サリシモノハ言渡官廳ノ囑託ニ依リ護送ヲ受ケタル監獄ニ於テ其關係ヲ査明シタル結果ニ依リ之レカ執行ヲ完了スルコトヲ得。

第百七十三條　刑事被告人ニ對スル懲罰ハ監獄長ノ提議ニ基キ裁判官之ヲ定ム。

第百七十四條

一　在監者カ刑罰法規ニ觸ルル行爲ヲ爲シタルトキハ直チニ書面ヲ以テ其事實ヲ明確ニシ、調書ヲ檢事局ニ送付スヘシ。監獄長ハ事實ノ不明ニ趣クヲ防ク爲メ適當ノ措置ヲ執ルヘシ。事情ニ依リテハ檢事局ノ決定アル迄本人ヲ獨居拘禁又ハ隔離處分(第百七十五條第一項(イ)ニ付スヘシ。

在監者ノ犯行ニ付キ裁判所ノ審理カ終結ニ至ラサル間ハ其行爲ニ依リ

本人ニ對シ懲罰ヲ科スルコトヲ得ス。

二　親告罪ニ屬スル輕罪及ヒ違警罪（刑法第六十一條乃至第六十五條）ニ付テハ被害者ノ告訴ナキトキト雖モ懲罰處分ヲ行フコトヲ得。

三　在監者ノ犯行ニ付キ檢事カ起訴ノ手續ヲ爲サヽルトキハ懲戒手續ヲ開始スルコトヲ得。犯罪ノ故ヲ以テ刑ノ言渡アリタルトキハ更ニ懲罰ヲ科スルコトヲ得ス。無罪ノ言渡アリタルトキハ其行爲カ刑事審理ノ目的トナリタル違警罪、輕罪又ハ重罪ノ法律上ノ要件ヲ具フルト否トヲ問ハス行爲自體ニ於テ監內規程ニ違反スル範圍ニ限リ懲戒ノ手續ヲ爲スコトヲ得。

第九節　撿束處分

第百七十五條

一　撿束處分トシテ四人ニ適用スルコトヲ許ス方法ハ左ノ如シ。

イ　三月以内隔離室ニ拘禁スルコト。此處分ハ既ニ三年間分房ニ拘禁セラレタル者ニモ之ヲ適用スルコトヲ得。

ロ　十四日以内罰室ニ屏禁スルコト。

ハ　喧騒叫喚シテ狂暴ヲ逞フシ又ハ器物ヲ損壞スル者ヲ其鎭靜ニ歸スルマテノ間躁狂室ニ屏禁スルコト。三日ヲ經過スルモ尙ホ鎭靜ニ歸セサルトキハ引續キ之ヲ躁狂室ニ屏禁スヘキヤ否ハ監獄醫ノ意見ニ依リ之ヲ定ム。躁狂室ハ破壞スヘカラサル窓ト平滑ナル壁ヲ有スル最モ堅牢ノ分房ヲ以テ之ニ充テ、其壁ニハ動カシ得ヘキ物ヲ附著セシメサルコトヲ要ス。躁狂室ハ必要ニ應シ監獄醫ノ同意ヲ得テ之ヲ暗クスルコトヲ得。

ニ　逃走若クハ自殺ヲ企テ又ハ官吏若クハ他ノ人ニ暴行ヲ爲シタル者ニ對シ其行爲ノアリタル後第百六十九條八號ノ方法ニ依リ三月以內施械スルコト。四人カ護送ノ途中ニ於テ逃走ノ企圖又ハ暴行ヲ爲シタル場合ニモ亦施械スルコトヲ得。

ホ　現ニ暴行ヲ以テ爲ス抵抗ヲ鎭壓スル爲メ六時間以内窄衣ヲ著セシムルコト。窄衣ハ監獄醫ノ意見ヲ聽キ且監督官廳ノ承認ヲ經タルモノヲ用ヴヘシ。

二　施械シタル者及ヒ窄衣ヲ著セシメタル者ハ隔離室ニ拘禁シ、官吏ヲシテ嚴密ニ之ヲ監視セシムヘシ。十四日以上施械ヲ繼續スル必要アルトキハ監獄官會議ニ付議シ、監獄官會議ノ議事錄及ヒ監獄醫ノ意見書ヲ添ヘ監督官廳ニ之ヲ報告スヘシ。

三　如何ナル撿束處分ヲ行フヘキヤハ監獄長之ヲ定メ、監獄長又ハ其代理者監獄ニ在ラサルトキハ當番高級官吏之ヲ定ム。此場合ニ於テハ其旨ヲ監獄長ニ速報スヘシ、醫療中又ハ視察中ノ囚人ニ對スル撿束處分ハ各場合ニ於テ監獄醫ノ同意ヲ得ルニ非サレハ之ヲ行フコトヲ得ス。監獄醫ノ同意ヲ得タル事實ハ身分帳簿ニ之ヲ記入スヘシ。

四　刑事被告人ニ對スル撿束處分ハ監獄長ノ提議ニ依リ裁判官之ヲ定ム。急速ヲ要スル場合ニ於テハ監獄長ハ適當ト思料スル撿束處分ヲ假リニ行ヒ、直チニ其旨ヲ裁判官ニ通知スヘシ。

第十節　情願

第百七十六條

一　行刑ノ方法（刑事訴訟法第四百九十條ノ規定ノ範圍ニ屬セサルモノニ限ル）、監獄ニ於ケル處遇及ヒ懲罰ノ言渡ニ對スル情願ハ監督官廳ニ於テ之ヲ裁斷ス。情願ニ付テハ大臣ヲ最終審トス。

二　在監者情願ヲ爲スニハ自ラ情願書ヲ作リ、又ハ官吏ノ面前ニ於テ口頭ノ陳述ヲ錄取セシメテ、之ヲ監督官廳ニ差出シ、又ハ口頭ニテ監獄巡閲ノ縣事務官若クハ大臣ノ代理者ニ對シ情願ノ趣旨ヲ演述スルコトヲ得。巡閲官ニ對スル情願ニ備フル爲メ書記ハ情願簿ヲ作リ、之ニ情願者ノ氏名ヲ記入シ置クヘシ。巡閲官ニ對スル情願ニ付テハ四人ヨリ其内容ノ陳述ヲ要求スルコトヲ得ス。

三　情願ハ處分ノ執行ヲ停止スル效力ヲ有セス。

情願ニ對スル裁決

第百七十七條

一　縣事務官監獄ニ出頭シタルトキハ其都度情願簿ヲ提出スヘシ。縣事務官ハ情願者ヨリ其事由ヲ聽取リ、監督官廳ノ裁決ヲ求ムヘシ。

二　監督官廳ノ裁決ニ對シテハ大臣ニ抗告スルコトヲ得。

三　大臣ノ代理者カ監獄ニ出頭シタルトキハ情願簿ヲ提出スヘシ。代理者ハ情願ヲ申出テタル四人ニ就キ其陳述ヲ聽クヘシ。

四　情願者ノ陳述ハ最初先ツ監獄長又ハ他ノ監獄官吏ノ在ラサル所ニ於テ之ヲ聽クヲ通則トス。

五　謂レナキ情苦ヲ申出テタル四人ハ監督官廳ニ於テ之ニ懲罰ヲ科スルコトヲ得。

第十一節 釋放

第百七十八條

一 受刑囚ヲ釋放スル場合左ノ如シ。

イ 刑期ノ滿限。

ロ 恩赦。

ハ 假出獄。

ニ 刑ノ執行中止。

ホ 刑ノ執行指揮官廳ノ命令。

二 刑事被告人及ヒ假逮捕者ハ裁判官又ハ檢事ノ指揮官アル場合ニ限リ之ヲ釋放ス。假逮捕者ハ尚ホ本人ヲ送致シタル警察官廳ノ指揮書アル場合及ヒ本則第八十九條第三項ノ場合ニモ之ヲ釋放ス。

三 民事拘留囚ハ豫定期間ノ經過後裁判官ノ指揮書ニ基キ之ヲ釋放ス。民事拘留囚カ債權者ノ申立ニ依リ拘禁セラレタルモノナルトキハ尙ホ左ノ場合ニモ之ヲ釋放スルコトヲ要ス。

イ　債權者カ釋放ノ申立ヲ爲シタルトキ。

ロ　豫納シタル食料費ノ全部ヲ消費シタルトキ。

ハ　拘禁日數カ六月ニ達シタル時。

刑期ノ計算

第百七十九條。

一　刑期ハ引致入監者ニ付テハ收監命令書ニ指定セラレタル時ヨリ始マリ、自告入監者ニ付テハ監獄ニ出頭シタル時ヨリ始マル。刑期ヲ計算スルニハ一日ヲ二十四時間、一週ヲ七日トシ、月及ヒ年ハ暦ニ從フ(刑法第十九條)。自由刑執行中囚人疾病ノ爲メ本人ヲ監獄ヨリ隔リタル病院ニ移送シタル場合ニ於テ移送ト同時ニ釋放ノ命令ナキトキハ入院中ノ日數ハ之ヲ刑期ニ算入ス。但裁判所カ入院中ノ日數ヲ刑期ニ算入セサル旨ノ決定ヲ爲シタルトキハ此限ニ在ラス(刑事訴訟法第四百九十三條)。

二　受刑中ノ日數、護送途中ノ日數又ハ未決拘留中ノ日數ヲ刑期ニ算入スヘキヤ否ニ付キ疑アルトキハ刑ノ執行指揮官廳ニ對シ指令ヲ求ムヘシ。

三　囚人ハ其刑期ノ開始時ト同一ノ時刻ニ之ヲ釋放ス。其時刻カ閉監時後開監時前ニ該當スルトキハ既ニ閉監時ニ於テ釋放ヲ行フヘシ、但囚人ノ請求ニ依リ翌朝マテ監獄ニ止ラシムルコトヲ得。監獄長ハ刑期滿了ノ當日囚人ノ歸著スヘキ土地ト監獄所在地トノ汽車又ハ汽船ノ聯絡ヲ斟酌シテ滿了時前相當ノ時刻ニ釋放ヲ行フノ權ヲ有ス。

第百八十條

一　受刑囚ニ對スル特赦ノ申立ハ監獄官會議ニ付議シ、贊否何レニ決スルモ其決議書ヲ添ヘ、普通裁判所ニ於テ處斷セラレタル者ニ付テハ所轄檢事局、陸海軍軍法會議ニ於テ處斷セラレタル者ニ付テハ帝國軍裁判所長ニ申立書ヲ送付スヘシ。

二　監獄官會議ニ於テ申立ニ贊同シタルトキハ添附スヘキ決議書ニ本人

カ放免ノ後相當ノ寄寓所及ヒ收入ノ確實ナル就職ノ便宜ヲ有スル事實ヲ明示スヘシ。

三　囚人ニ對シ特赦ノ申立ヲ爲サント欲スル一私人ノ要求アルモ監獄長又ハ敎誨師ニ於テ其囚人ノ行狀證明書ヲ交付シ、監獄醫ニ於テ其囚人ノ健康狀態ニ關スル鑑定書ヲ交付スルコトハ之ヲ許サス。

假出獄

第百八十一條

一　長期ノ懲役又ハ禁錮ニ處セラレタル者其刑期ノ四分ノ三ヲ執行シ且少クモ執行後一年ヲ經過シタル場合ニ於テ其者ノ在監中ノ行狀善良ナルトキハ本人ノ承諾ヲ得テ假リニ出獄セシムルコトヲ得。

二　數個ノ判決ニ依リ言渡サレタル刑ハ之ヲ通算シ、總刑期ノ四分ノ三ヲ以テ其經過ニ因リ假出獄ヲ許スコトヲ得ヘキ時ト看做ス。　城砦禁錮及ヒ拘留ハ此計算ヨリ除外ス。

三　未決勾留日數ヲ刑期ニ算入スヘキトキハ假出獄ニ付テハ未決勾留日

數ヲ控除シタル殘刑期ノミニ依リ四分ノ三ノ經過時ヲ算定ス(刑法第六十條刑事訴訟法第四百八十二條參照)。

四　假出獄ノ申立ハ監獄官會議ニ於テ之ヲ審議シタル末、申立ニ係ル囚人ノ人格、在監中ノ行狀竝ニ出獄後ノ境遇ハ正ニ本人カ假出獄ヲ利用シテ再ヒ適法ニシテ誠實ナル生活ニ入ルコトヲ擔保スルモノト確認シタル場合ニ限リ之ニ贊同スヘキモノトス。右ノ外出獄後ノ殘刑期ハ尙ホ相當ノ日子ヲ剩シ此間ニ於テ出獄者ノ行狀ヲ眞正ニ考試スルノ餘裕アルコトヲ要ス。累犯者ノ假出獄ノ申立ニ付テハ特ニ愼重ノ調査ヲ爲スヘシ。

五　監獄長ハ保護機關、信用スヘキ私人及ヒ市町村警察官廳ト協議ヲ遂ケ、釋放者カ適當ノ寄寓所ヲ得且其居所ニ在テ相當ノ收入アル正業ニ就クノ便宜ヲ圖ル義務ヲ負フ。假出獄ノ申立ハ通常裁判所ニ於テ處斷セラレタル受刑者ニ付テハ刑ノ言渡ヲ爲シタル裁判所ヲ管轄スル控訴院ノ檢事長、普國ノ陸軍軍法會議ニ於テ處斷セラレタル受刑者ニ付テハ普國陸軍省、海軍軍法會議ニ於テ處斷セラレタル受刑者ニ付テハ帝國海軍局、帝國ノ殖民軍隊ニ屬スル者ニシテ殖民軍軍法會議又ハ本土ノ軍法會議ニ於テ處斷セラレタル受刑者ニ付テハ帝國首相、帝國裁判所ニ於テ處斷セラレタル受刑者ニ付テハ帝國裁判所檢事長、他州ノ計算ニ於テ普國ノ監獄ニ在ル受刑者ニ付テハ其州ノ政府ニ之ヲ爲スヘシ。

六　囚人カ數個ノ刑ニ處セラレタル者ナルトキハ併合刑又ハ最モ長キ刑ヲ言渡シタル裁判所ヲ管轄スル控訴院ノ檢事長ニ申立書ヲ提出スヘシ。贊同ノ意ヲ表シタル假出獄ノ申立書ヲ發送シタル後、其認可ニ反對スヘキ事情アルコトヲ知リタルトキハ監獄長ハ申請ヲ受ケタル官廳ニ其事由ヲ申告スヘシ。

七　若シ其間ニ假出獄ノ認可カ到達シタルトキハ再度ノ決定アルマテ假出獄ノ執行ヲ中止スヘシ。　假出獄ニ因ル釋放ハ刑ノ執行指揮官廳ニ之ヲ報告スヘシ。

八　假出獄者ニハ成規ノ様式ニ依リ作成スヘキ假出獄證明書ヲ交付ス。證明書ノ裏面ニハ出獄者ノ遵守スヘキ事項ヲ掲載スヘシ。監獄ハ本人ノ歸住スヘキ土地ノ警察官廳ニ假出獄證明書ノ謄本ヲ送付シ、若シ其警察署カ區長ノ監督ニ屬スルトキハ區長ニモ亦之ヲ送付スヘシ。假出獄證明書ノ交付及ヒ送付ニ付テハ身分帳簿ニ其旨ヲ記入スヘシ。

九　假出獄者ノ監督ハ本人居住地ノ警察官廳之ヲ行フ。假出獄者其遵守規則ニ違反シタルトキハ假出獄ヲ取消シ、本人ヲ復監セシムヘキモノトス假出獄ノ取消及ヒ復監ニ因リテ生シタル費用ハ行刑ノ指揮ニ屬スル費用トシ、之ニ關スル取扱ヲ爲スヘシ。未タ本人ノ手ニ交付セサル作業賞與金ハ監獄ニ之ヲ返送セシメ、取消費用ノ辨償ニ充ツヘシ。

十　假逮捕ヨリ再入監ニ至ルマテノ日數竝ニ護送中ノ日數ハ之ヲ刑期ニ算入ス。

第百八十二條

一　刑ノ執行中止ノ申立ハ左ノ場合ニ於テ之ヲ為スコトヲ得。
イ　囚人カ重症ニ罹リ、監獄醫ノ意見ニ依レハ一時監獄外ニ於テ治療ヲ受クルニ非サレハ治癒快復ノ見込ナキトキ、又ハ監獄醫ノ意見ニ依レハ疾病ノ程度頗ル進ミ死期近キニ在ルモ本人ヲシテ出獄セシムルニ於テハ暫時死期ヲ延長スルニ足ルトキ、但市町村長ノ證明書ニ依リ親族カ本人ヲ引受クル準備ヲ為シ且本人ノ為メ必要ナル療養ヲ加ヘ得ルコト明白ナル場合ニ限ル（第百五十三條一項參照）。
ロ　囚人カ分娩期ニ近キタルトキ（第百五十六條參照）。
ハ　緊急ナル家事上、經濟上若クハ公務上ノ關係ニ依リ囚人ヲシテ一時出獄セシムルノ已ムコトヲ得サルトキ。
二　家事上、經濟上及ヒ公務上ノ關係ニ依ル緊急ノ事情ハ市町村長ノ證明書ニ依リ之ヲ査明スヘシ。
三　申立ハ監獄官會議ニ於テ愼重且公平ニ之ヲ審査シ苟クモ偏頗ノ外觀

ナキコトヲ要ス。疾病ニ關スル事由ニ基ク申立ニ付テハ特ニ裁判上審理ノ便宜ヲ考慮シ本人ヲシテ寧ロ公立病院ニ入ラシムルヲ可トセサルヤ否ヲ討究スヘシ。

四 通常裁判所ニ於テ處斷セラレタル者ニ關スル申立ハ監獄長ノ意見書、監獄官會議ノ議事錄ノ謄本、監獄醫及ヒ市町村長ノ證明書ヲ添ヘ、(イ)ニ掲ケタル場合ニ於テハ地方裁判所檢事正、其他ノ場合ニ於テハ監督官廳ニ之ヲ提出スヘシ。

申立ハ左ノ例ニ依リ之ヲ裁決ス。

イ 四週間以內ノ禁錮及ヒ拘留ノ執行中止ニ付テハ所轄檢事正ノ同意ヲ得テ監獄長之ヲ決定ス。

ロ 四週間以上六月以內ノ禁錮及ヒ拘留竝ニ三月以內ノ懲役ノ執行中止ハ所轄檢事長ノ同意ヲ得テ監督官廳之ヲ決定ス。

ハ 其他ノ場合ニ於テハ司法大臣ノ同意ヲ得テ內務大臣之ヲ決定ス。

五　行政官廳及ヒ司法官廳ノ意見カ申立ノ不認可ニ一致シタルトキハ大臣ノ決定ヲ要セス。

六　軍法會議ニ於テ處斷セラレタル者並ニ元ト海軍及ヒ殖民地軍隊ニ屬セシ者ニ對スル刑ノ執行中止ノ申立モ亦前同樣ノ手續ヲ以テ之ヲ處理スヘシ。帝國裁判所ニ於テ處斷ヲ受ケタル者ノ申立ハ帝國裁判所ノ檢事長、他州ノ費用ヲ以テ普國監獄ニ於テ刑ヲ執行スル囚人ノ申立ハ其州ノ政府ニ之ヲ提出シ其裁決ヲ求ムヘキモノトス。

刑ノ執行指揮官廳ノ命令ニ依ル釋放

第百八十三條

一　前ニ掲タル場合ノ外刑期滿了前受刑囚ヲ釋放スルニハ刑ノ執行指揮官廳（檢事局、區裁判所）ノ命令書アルコトヲ要ス。電信ニテ囚人ノ釋放ヲ命令シ來リタル場合ニ於テ其電信カ執務時間終了前ニ到達スルトキハ其當日ニ、若シ執務時間終了後ニ到達シタルトキハ翌朝成ルヘク開監後直チニ釋放ヲ行フヘシ。

二　命令ニ過ナキヤ否ヲ確ムル爲メ釋放ヲ命令シタル官廳ニ對シ釋放ヲ行フヘキ時間ヲ直チニ返電スヘシ。

第百八十四條

一　書記ハ毎月初ニ當月内ニ出監スヘキ者ノ氏名表ヲ調製シ、之ヲ各高級官吏、用度係及ヒ看守長ニ配付スヘシ。刑期一月未滿ノ受刑囚及ヒ電信ノ指揮ニ依リ出獄セシムヘキ者竝ニ民事拘留囚及ヒ刑事被告人ノ釋放時ハ特ニ上記ノ官吏ニ之ヲ報告スヘシ。

二　監獄官會議ハ囚人ノ釋放ニ付キ評議スヘシ。刑期一月未滿ノ者ニ關シテハ之ヲ省略スルコトヲ得。評議事項ハ釋放スヘキ囚人ノ行狀、警察ノ監視及ヒ出獄後ノ保護ニ係ルモノトス。幼年囚ニ付テハ千九百年七月二日ノ法律ニ依リ本人ニ保護教育ヲ施ス必要アルヤ否ヲ審議スヘシ。會議ニ於テ其必要アリト議決シタルトキハ書類ヲ添ヘ速ニ所轄官廳ニ其旨ヲ報告シ、當該官署ヲシテ成ルヘク本人ノ刑期滿了前ニ審査手續ヲ終了シ、出獄後引續キ本人ヲ感化院ニ收容セシムル樣取計フヘシ。右ノ外監獄官會議ニ於テハ地方警察官廳ノ處分ニ付セラレ且三月以上監獄ニ於テ刑ノ執行ヲ受クヘキ者ニ付キ本人カ千八百九十八年十一月十四日及ヒ千九百一年六月二十四日ノ事後拘禁ノ猶豫ニ關スル訓令ニ定メタル條件ヲ具フルヤ否特ニ本人ノ在監中ニ於ケル行狀ニ徵シ、事後拘禁ノ決定ヲ猶豫スヘキモノナリヤ否ヲ審議スヘシ。監獄官會議ニ於テ本人ハ事後拘禁ノ決定ヲ猶豫セラルヘキ條件ヲ具ヘサルモノト議決シタルトキハ更ニ本人ノ來歷及ヒ在監中ノ行狀ニ徵シ、事後拘禁ノ期間ハ長キヲ可トスヘキ乎將タ短キヲ可トスヘキ乎ヲ議定シ、少クモ釋放時ノ二週間前ニ監獄官會議ノ決議ヲ所轄地方警察官廳ニ報告スヘシ。

三　囚人カ在監中監獄ヨリ課セラレタル作業ニ因リ災害ヲ受ケタルトキハ、第百四十九條監獄醫ヲシテ罹災ニ因ル生計能力減少ノ程度ヲ檢案セシメ其意見書ヲ監督官廳ニ提出スヘシ（千九百年六月三十日ノ帝國法律

第三條)。囚人カ災害ニ罹リ生計能力ヲ減少シタルモ其災害カ監獄ノ雜役ニ從事中發生シタル爲メ損害賠償ノ請求權ヲ有セサルトキハ其者ニ對シ救助金ノ支出ヲ要求スヘシ。監督官廳ハ遲クトモ本人ノ出獄スル八日前ニ監獄長ヲ經テ賠償金支出ノ決定ヲ爲シタルヤ又ハ救助金支出ノ要求ヲ爲シタルヤヲ本人ニ通達セシムヘシ。賠償金支出ノ決定ヲ爲サヽル場合ニ於テ本人之ヲ要求スルトキハ其申立書ヲ受理シ釋放前之ヲ監督官廳ニ差出スヘシ。

四　乘車乘船切符ノ調達ニ付テハ必要ナル手配ヲ爲シ置クヘシ。

第百八十五條

一　勞働能力ヲ有スル囚人ニシテ內國人ノ證明アル者ハ歸住地選定ノ自由ヲ有ス。本人カ警察ノ監視ニ付スルコトヲ得ヘキ言渡ヲ受ケタル者ナルトキハ(刑法第三十八條、第三十九條)之ニ關スル規定ノ制限ニ服從スヘキモノトス。囚人ニシテ出獄後新タニ伯林ニ居住セントスル者ニ對シテハ警視總監ニ於テ其居住ヲ禁スル旨ヲ説示スヘシ（千八百四十年十二月三十日ノ法律第二條第二號）。

二　警察ノ監視ニ付スルコトヲ得ヘキ言渡ヲ受ケタル囚人ニ付テハ地方警察官廳ヲシテ監視處分ノ決定ヲ爲ス準備ヲ整ヘシムル爲メ監獄長ハ本人ヲ釋放スル六週間前ニ本人在監中ノ行狀證明書ニ監視ヲ執行スルヲ相當トスルヤ否ニ關スル監獄官會議ノ意見書ヲ添ヘ之ヲ歸住地ノ地方警察官廳ニ送付スヘシ。本人ノ爲メニ採リタル保護方法モ亦之ト同時ニ地方警察官廳ニ通告スヘシ。本人カ外國人ニシテ從前普國ノ領域内ニ一定ノ居住地ヲ有セサリシ者ナルトキハ監獄所在地ヲ管轄スル地方警察官廳ニ本人ニ關スル書類ヲ送付スヘシ。

三　歸住地ノ地方警察官廳ハ監獄ノ意見及ヒ其他參考トナルヘキ事情ヲ斟酌シタル上、速ニ監視ニ付スルヤ否ノ決定ヲ爲シ、監視ニ付スル旨ノ決定ハ監獄ヨリ釋放スル前ニ書面ヲ以テ之ヲ本人ニ告達シ、其受書ヲ徴スル様取計フヘシ。保護會ノ保護ヲ受クヘキ者ニ付テハ監視ノ執行ヲ猶豫スルコトヲ得。

移住

第百八十六條

一　出獄後外國ニ移住セントスル囚人ノ爲メ監獄ハ旅券ノ下付ヲ受クルニ付キ仲介ノ手續ヲ爲スコトヲ得。移住ニ關スル申立ハ本人カ最終ニ居住シタル地ノ郡役所又ハ警察署ニ宛テ之ヲ爲スヘキモノトス。露國行ノ旅券ハ伯林ニ於ケル露國大使館ノ檢閲ヲ受ケ其裏書ヲ得ルコトヲ要ス。

二　懲役ヲ執行シタル囚人ノ爲メニハ北米合衆國ニ移住スル旅券ノ下付ヲ申立ツルコトヲ得ス。

警察ニ對スル報告

第百八十七條

一　懲役、監視ヲ附加セラレタル禁錮又ハ重拘留(刑法第三百六十一條三乃至八)ニ處セラレタル囚人ニ付テハ本人ノ歸住地ノ警察官廳ニ釋放ノ通知ヲ爲スヘシ。此通知ニハ監視ヲ執行スルヲ相當トスルヤ否ニ關スル監獄官會議ノ決定ヲ添附スヘシ。公安ノ爲メ必要アリト認ムルトキハ監獄長ハ他ノ囚人ニ付テモ亦警察官廳ニ對シ釋放ノ通知ヲ爲スコトヲ得。

二　本刑ト共ニ地方警察官廳ノ處分ニ付スル旨ノ言渡ヲ受ケタル囚人ニ對シ警察官廳ヨリ命令書ヲ送致セサルトキハ（第百九十一條四項）警察官廳ニ其者ノ釋放日ヲ報告スヘシ。

三　行刑中ノ外國人釋放期ニ近キタルトキハ監獄所在地ノ警察官廳ニ其旨ヲ報告シ、警察官廳ヲシテ遲クモ釋放時マテニ之ヲ知得セシムヘシ。獨逸聯邦ノ臣民ニ付テハ此手續ヲ要セス。

釋放者ノ被服

第百八十八條

一　監獄長ハ囚人ヲシテ清潔ニシテ破損セサル衣服ヲ著用シテ出獄セシムル樣注意スヘシ。

二　用度係ハ釋放前豫メ囚人ノ自衣ヲ整理シ置クヘシ。

三　囚人ノ自衣カ粗惡ニシテ出獄後就職ノ妨トナル虞アルトキハ適當ナル被服ヲ死亡囚ノ遺留品ノ中ヨリ、下著類ハ監獄ノ廢棄物件ノ中ヨリ之ヲ下付スヘシ。遺留品又ハ廢棄物件中ニ相當ノモノナキトキハ他ノ方法ニ依リ衣類ヲ調達セシメ、其費用ハ囚人ノ作業賞與金ヨリ全部又ハ一部ヲ支出セシムヘシ、但作業賞與金給與額カ十五「マルク」以上ノ場合ニ限ル。不足額ハ監獄費豫算第九十六款第八項第一號ノ費目ヨリ之ヲ支辨スヘシ。

四　作業賞與金ノ給與額カ十五「マルク」以上ナルトキハ監獄長ハ囚人ノ意思ニ反スルモ被服ニ關スル必要ノ補修及ヒ新調ノ爲メ作業賞與金ヲ使用セシムル權利ヲ有ス。

釋放前ノ二日

第百八十九條

一　刑期滿了前二日間ハ囚人ヲ出監房若クハ分房ニ拘禁シ、作業ヲ科セス又他囚ノ接觸ヲ禁ス。此間ニ於テ高級官吏特ニ教誨師ハ本人ヲ訪問シ出獄後ニ於ケル立身ノ計ニ付キ訓諭ヲ加フヘシ。監獄醫ハ本人ノ健康狀態ヲ診査シ、診査ノ結果ヲ醫事表（第百七條）ニ記入スヘシ。會計理事ハ本人ニ關スル計算ヲ終了シ、書記ハ釋放ニ關スル書類ヲ整理シ、用度係ハ本人ニ屬スル被服及ヒ所持物件ヲ交付スヘシ。右ノ手續ヲ終ヘタル後、監獄長ハ本人ヲ呼出シ再犯ヲ戒メ、情願アルトキハ之ヲ聽取リ其處分ヲ終了スヘシ。

二　刑期二週間以下ノ囚人ニ付テハ監獄長ノ面前ニ呼出ス手續ヲ省クコトヲ得。疾病ノ徵候ナキ限リ監獄醫ノ健康診斷亦同シ。

三　釋放者ニハ釋放書類、旅費及ヒ辨當料竝ニ領置シタル有價品ヲ交付シ所定ノ時間ニ出監セシムヘシ。

旅費及ヒ辨當料

第百九十條

一　監獄トノ距離三十「キロメーテル」以上ノ地ニ歸著スヘキ囚人ハ歸路最

下等ノ汽車及ヒ汽船ノ便ニ依ラシメ、其距離三十「キロメートル」ニ滿タサルトキハ通例徒歩ニ依ラシムヘシ。辨當料ハ一日ニ付七十五「フエンニヒ」トシ必要ニ應シ一「マルク」マテヲ給スルコトヲ得。

二 旅費及ヒ辨當料ハ本人ノ作業賞與金ヲ以テ之ヲ支辨セシム。本人無資力ナルトキハ作業賞與金ノ殘額カ尙ホ十五「マルク」ヲ下ラサル限度ニ於テノミ賞與金ヲ支出セシムルコトヲ得。作業賞與金ヲ以テ支辨スルコトヲ得サル旅費及ヒ辨當料ハ監獄ノ金庫ヨリ之ヲ支給ス。監獄ヨリ支給スル旅費及ヒ辨當料ハ本人最終ノ居住地又ハ其郷里ニ到ルマテ旅行ヲ爲スニ必要ナル費額ニ限ルモノトス。

三 無資力ノ囚人ニシテ行政上ノ都合ニ依リ一縣ノ監獄ヨリ他縣ノ監獄ニ移送セラレタル者ニハ本人ノ釋放ニ際シ本人カ其刑ノ最初ノ部分ヲ執行シタル監獄ニ到ルマテノ旅費ヲ支出スヘシ。此金額ハ本人ノ作業賞與金カ十五「マルク」ヲ超ユルトキト雖モ其全部ヲ監獄ヨリ支出スヘキモノトス、但本人ノ郷里又ハ歸著地カ出監スヘキ監獄ヨリモ前ノ監獄ノ所在地ノ方ニ接近スル場合ナルコトヲ要ス。若シ歸著地カ前監獄ニ比シ出監スヘキ監獄ニ接近スルトキハ歸著地ニ到達スル爲メ必要ナル旅費及ヒ辨當料ノミヲ支給ス。

四　旅費及ヒ辨當料ノ外ニ尙ホ作業賞與金ノ一部ヲ本人ニ交付スヘキヤ否ハ保護ニ關スル規定(第百九十二條)ニ基キ監獄長之ヲ決定ス。

五　作業賞與金ノ殘部ハ保護機關又ハ警察官廳ニ之ヲ送付ス。此手續ハ速ニ之ヲ爲シ釋放者ノ到達前ニ當該機關又ハ官廳ニ於テ作業賞與金ノ受入ヲ了スル樣取計フヘシ。

六　囚人ノ作業賞與金カ十五「マルク」以下ニ止リ、此金額ニテハ保護機關ノ救助ノ有無ニ拘ハラス本人ヲシテ再ヒ犯罪ニ陷ラシムヘキ目前ノ危急ヲ濟フニ足ラサルトキハ豫算第九十六款第十項第一號ノ費目ヨリ作業賞與金ヲ合セ十五「マルク」ヲ超ヘサル限度ニ於テ救助金ヲ支給スルコト

出監證明書、出發ノ監督

ヲ得。特別ノ事情アル場合ニ於テハ監督官廳ハ監獄官會議ノ申立ニ依リ二十五「マルク」マテノ救助金ノ支給ヲ認許スルコトヲ得。

七 右ノ外釋放者ノ取扱ニ付テハ千九百二年七月十二日ノ訓令ヲ參照スヘシ(第百八十四條第四號)。

第百九十一條

一 釋放者カ懲役囚又ハ刑期三月以上ノ禁錮囚ナルトキハ之ニ出監證明書ヲ交付ス。本人ノ要求アルトキハ其他ノ囚人ニモ之ヲ交付スヘシ。

二 監獄所在地外ノ地ニ歸著スヘキ囚人ニ對シテハ遲滯ナク監獄所在地ヲ出發シ將來ノ寄寓地ニ歸著スヘキ旨ヲ說示スヘシ。

三 汽車及ヒ汽船ノ便ニ依リ出發スヘキ釋放者カ故ナク監獄所在地ニ滯留セントスル懸念アル場合ニ於テ監獄費ヨリ本人ニ對シ旅費及ヒ辨當料ヲ支出シタルトキハ監獄長ハ監獄官吏ヲシテ本人ヲ停車場又ハ汽船發著所マテ同行セシムルコトヲ得。釋放者カ同行ヲ拒ムトキハ旅費及ヒ辨當料ノ支給ヲ中止スルコトヲ得。此場合ニ於テハ遲滯ナク監獄所在地ノ警察署ニ其旨ヲ報告スヘシ。

四　本刑ト共ニ地方警察官廳ノ處分ニ付スル旨ノ言渡ヲ受ケタル囚人ノ刑期滿了後ニ於ケル措置ニ關シ釋放ノ前日マテニ地方警察官廳ヨリ何等ノ指示ナキトキハ刑期滿了後本人ヲ監獄所在地ノ警察署ノ處分ニ付スヘシ。

出獄人ノ保護

第百九十二條

一　釋放者ノ保護ニ付テハ特ニ愼密ノ注意ヲ用ウヘシ。監獄官吏ハ一般社會ニ於ケル保護思想ノ普及ヲ圖リ且適實ナル保護機關ノ施設ヲ奬勵シ、保護機關ト監獄及ヒ警察官廳トノ敏活ナル協力ニ依リ保護事業ノ成績ヲ成ルヘク顯著ナラシメンコトニ努力スヘキ義務ヲ負フ。

二　監獄長及ヒ敎誨師ハ率先シテ保護事業ニ盡力スヘシ。監獄長及ヒ敎誨師ハ常ニ各縣ニ於ケル中央保護會ト聯絡ヲ保チ、之ニ對シ一般保護事業ニ關シ又ハ特定ノ一私人ノ爲メニ希望及ヒ意見ヲ述フヘシ。

三　監督官廳ハ中央保護會ノ役員ノ一人又ハ中央保護會ノ委任ヲ受ケタル一私人ニ監獄ニ於ケル囚人トノ交通殊ニ分房訪問及ヒ保護ニ關スル監獄官會議ノ議事ニ參加スルコトヲ認可スルコトヲ得。

四　女囚トノ交通ハ女性者ニ限リ之ヲ許ス。

五　釋放スヘキ囚人ノ保護ニ關シテハ監獄官會議ニ於テ評議ヲ遂ケタル上速ニ其準備ヲ爲スヘシ。刑期二月以上ノ者ニ付テハ釋放ノ四週日前ニ其準備ニ着手スヘシ。保護ノ必要アル者ハ總テ之ヲ受ケシムルコトニ努ムヘク、就中幼年囚ニ付テハ特ニ此事ニ注意スルコトヲ要ス。保護ニ關スル往復文書ハ監獄官會議ニ於テ議定シタル方法ニ依リ主トシテ教誨師及ヒ教師之ヲ掌理スヘキモノトス。之ニ關スル郵税ハ豫算第九十六欵第七項ノ費目ヨリ之ヲ支出スヘシ。出獄人ノ保護ニ關シ官廳トノ間ニ往復スル信書ハ郵税特約郵便ニ付スヘシ。

六　右ノ外保護ニ關スル事務ハ千八百九十五年六月十三日、千九百一年十二月十六日、千九百二年十一月五日及ヒ千九百三年一月十日ノ訓令ニ依リ處理スヘシ。

本則ノ施行

第百九十三條　本則ハ千九百三年四月一日ヨリ之ヲ施行ス。本則ノ條項ニ反スル規定ハ本則施行ノ日ヨリ之ヲ廢止ス。

千九百二年一月十四日

伯林ニ於テ

內務大臣　男爵　フオン、ハンメルシユタイン

独逸帝國
司法部編纂

自由刑執行法草案

（千八百七十九年提出）

獨逸帝國
司法部編纂

自由刑執行法草案

第一章 監獄

第一條 裁判所ニ於テ言渡サレタル自由刑ノ執行ハ左ノ例ニ據リテ之ヲ爲ス。

一 懲役ハ之カ爲メ特ニ設ケタル專用監獄（懲役監）ニ於テ之ヲ執行ス。

二 城砦禁錮ハ城砦又ハ之カ爲メ特ニ設ケタル專用ノ場所ニ於テ之ヲ執行ス。

三 刑期三月以上ノ禁錮ハ地方監獄ニ於テ之ヲ執行ス。

四 刑期三月未滿ノ禁錮及ヒ拘留ハ區監獄ニ於テ之ヲ執行ス。

五 幼年（刑法第五十七條）ニ對シ言渡シタル一月以上ノ刑ハ之カ爲メ特ニ設ケタル監獄ニ於テ之ヲ執行ス。

第二條 刑期三月未滿ノ禁錮ヲ地方監獄ニ於テ執行セシメ幼年ニ對スル刑期一月未滿ノ自由刑ヲ特設幼年監(第一條第五號)ニ於テ執行セシムル權ハ聯邦各州政府ニ之ヲ留保ス。

第三條 特設幼年監ニハ年齡十八歳未滿ノ者ニ限リ之ヲ收容ス、但滿二十歳ニ至ルマテ引續キ之ヲ拘置スルコトヲ得。

第四條 受刑囚ト他ノ在監者、拘留囚ト禁錮囚トハ之ヲ分隔スルコトヲ要ス。已ムコトヲ得サル當面ノ必要アル場合ニ限リ例外ノ取扱ヲ爲スコトヲ許ス。

男囚ト女囚トハ之ヲ分隔シ、如何ナル場合ニ於テモ互ニ相接觸スル機會ナカラシムルコトヲ要ス。

第五條 監獄ハ同時ニ之ヲ感化院若クハ懲治場(刑法第五十六條)又ハ勞役場(刑法第三百六十二條第二項)ニ充用スルコトヲ許サス。

第六條 自由刑ヲ執行スルニハ健康ニ害アル場所ヲ以テ之ニ充ツルコトヲ

許サス。

監房ヲ造設スルニハ次ノ標準ニ依ル。晝夜分房ノ容積ハ二十五立方「メートル」夜間分房ノ容積ハ十二立方「メートル」監房ノ窓ノ採光面積ハ一平方「メートル」ヲ最少限トシ窓ハ少クモ其半ヲ開閉シ得ラルル樣裝置スヘシ。

雜居寢房ハ少クモ一人當リ十立方「メートル」、開放セサル工場ハ少クモ一人當リ八立方「メートル」ノ容積ヲ有スルコトヲ要ス。工場ハ之ヲ寢室ニ充用スルコトヲ許サス。

各監獄ニハ四人ノ戸外運動ニ適當ナル場所ヲ設クルコトヲ要ス。

第二章　指揮及ヒ監督

第七條　監獄ヲ指揮監督スル官廳及ヒ上級監督官廳ヲ定ムル權ハ聯邦各州政府ニ之ヲ留保ス。

第八條　上級監督官廳ハ監獄ニ對スル監督事務ノ全部又ハ一部ヲ數名ノ委

員ヨリ成ル監督委員會ニ委託スルコトヲ得。監督委員會ノ組織及ヒ權限ハ事務章程ヲ以テ之ヲ定ム。

第九條　各監獄ハ毎年監督官廳又ハ其囑託ヲ受ケタル者ニ於テ之ヲ檢閲ス。

第三章　刑期

第十條　受刑者ヲ未決勾留ニ移シタルトキハ未決勾留中ノ日數ハ之ヲ刑期ニ算入セス。

第十一條　收監ハ刑ノ執行指揮官廳ノ發シタル收監命令書ニ依リテノミ之ヲ爲ス。刑ノ執行指揮官廳ハ收監命令書ニ判決又ハ處罰命令ノ主文ノ正本ヲ添附シ、收監事務ヲ擔當スル監獄官吏ニ之ヲ交付ス。收監命令書ニハ刑ノ起算日ヲ記載スヘキモノトス。

刑期滿了前ニ於テハ刑ノ執行指揮官廳ノ命令アルニ非サレハ囚人ヲ釋放スルコトヲ許サス。此命令ニハ釋放ノ理由ヲ明示スヘキモノトス。

第十二條　各監獄ニハ受刑者ノ入出監簿ヲ備フヘシ。入出監簿ニハ收監ノ日時、被收監者ノ氏名、收監命令書及ヒ判決又ハ處罰命令ノ日附及ヒ場所、刑名刑期竝ニ釋放ノ日時及ヒ理由ヲ囚人ノ面前ニ於テ記入スヘシ。

第十三條　受刑者ノ請求アルトキハ釋放ノ際執行濟ノ證明書ヲ本人ニ交付スヘシ。

第四章　獨居拘禁及ヒ雜居拘禁

第十四條　懲役及ヒ禁錮ノ執行ハ獨居拘禁ヲ以テ始マル。

獨居拘禁ニ付シタル後、懲役囚ニ在テハ六月、禁錮囚ニ在テハ三月ヲ經過シ且本人ノ行狀及ヒ性情ニ徵シ他囚ト雜居セシムルモ有害ノ虞ナシト認ムヘキトキハ監獄長ノ命令ニ依リ獨居囚ヲ雜居ニ移スコトヲ得。此命令ハ何時ニテモ取消スコトヲ得ヘキモノトス。

三年以上獨居拘禁ヲ延長スルコトニ關スル本人ノ同意ハ爾後一年ヲ經過

スル每ニ之ヲ取消スコトヲ得。

第十五條　十八歳未滿ノ受刑者ハ三月ニ至ルマテノ期間之ヲ獨居拘禁ニ付スルコトヲ得。三月以上ニ亘リ獨居拘禁ヲ繼續スルニハ監督官廳ノ認可ヲ受クルコトヲ要ス。

第十六條　公權ヲ有スル受刑者ハ獨居拘禁ニ在テハ其刑ノ執行ヲ受ケンコトヲ又雜居拘禁ニ在テハ公權ヲ有セサル四人ト分隔センコトヲ請求スルコトヲ得。

第十七條　獨居拘禁カ受刑者ノ心身ニ危險ヲ生スヘキ虞アルトキハ之ヲ適用スルコトヲ得ス。

第十八條　獨居拘禁ニ在ル受刑者ハ每日少クモ四回之ヲ訪問スルコトヲ要ス。此度數ヲ算スルニハ監房ニ立入ルコトヲ許サレタル者ノ訪問度數ヲモ合計スヘキモノトス。

第十九條　雜居拘禁ニ付シタルトキト雖モ教誨堂、教場及ヒ運動場ニ於テハ受刑者ノ分隔ヲ行フコトヲ妨ケス。夜間ハ各受刑者ヲ獨居房ニ拘置シテ互ニ分隔スルコトヲ要ス、但本人ノ心身ノ狀態カ雜居拘禁ヲ必要トスル場合ハ此限ニ在ラス。外役ニ就カシメタル受刑者ヲ監外ニ宿泊セシムル必要アル場合ニ於テハ夜間ノ分隔ヲ行ハサルコトヲ得。

第二十條　拘留モ亦獨居拘禁ニ依リ執行スルコトヲ得。

第五章　監獄ニ於ケル紀律

第二十一條　上級監督官廳ニ於テ制定スヘキ監內規程ハ左ノ原則ニ準據スヘキモノトス。

第二十二條　作業

受刑者ハ其健康ヲ害スヘキ方法ニ於テ之ヲ作業ニ就カシムルコトヲ得ス。

監外ノ工場及ヒ鑛山ニ於ケル就業ハ之ヲ許サス。

第二十三條　監獄長ハ受刑者ニ作業ヲ賦課スル際其健康狀態、技能及ヒ將來ノ生計ニ注意シ、尚ホ禁錮囚ニ付テハ右ノ外其敎育ノ程度、日常ノ習慣及ヒ出來得ヘキ限リ本人ノ希望ヲモ斟酌スヘシ。

三月間雜居拘禁ニ付シタル受刑者ニ非サレハ之ヲ外役ニ就カシムルコトヲ得ス。

第二十四條　平日ノ就業時間ハ懲役囚ニ在テハ夏期十一時間、冬期十時間、禁錮囚ニ在テハ夏期十時間、冬期九時間トス。　作業ノ種類ニ依リ實行上支障ナキ限リ一日ノ作業科程ヲ定メ受刑者ニ之ヲ授クヘシ。　科程ハ健康ナル勞働者ノ一日ニ於ケル平均ノ働高ヲ標準トシ、本人ノ個人的能力ヲ斟酌シテ監獄長之ヲ定ム。　科程ヲ終了シタル者ト雖モ就業時間中ハ引續キ就業スルノ義務ヲ負フ。

第二十五條　受刑者ノ作業ニ因リ生スル收入ハ國庫ニ歸屬ス。　受刑者カ一日ニ終了シタル科程ノ全部及ヒ科程外ノ働高ニ對シテハ之ヨリ生シタル收益ノ一部ヲ作業賞與金トシテ計算シ、之ヲ本人ノ貸方ニ記帳スヘシ。作業賞與金ノ計算率ハ作業ノ種類ニ從ヒ監督官廳ノ規定シタル範圍內ニ於テ監獄長之ヲ定ム。

受刑者ハ刑ノ執行中監獄長ノ許可ヲ得テ自巳ノ爲メニ記帳セラレタル賞與金計算高ノ一半ヲ處分スルコトヲ得。他ノ一半ヲ處分スルニハ監督官廳ノ認可アルコトヲ要ス。作業賞與金計算高ハ受刑者カ故意又ハ重大ナル過失ニ因リ監獄ニ屬スル物件、作業器具及ヒ作業素品ヲ毀損シタル爲メ生シタル損害賠償ノ請求權ニ基ク場合ヲ除ク外之ヲ以テ請求ノ目的ト爲スコトヲ得ス。

第二十六條 拘留又ハ城砦禁錮ノ受刑者ニハ刑ノ目的及ヒ監獄ノ安寧秩序ヲ害セサル限リ如何ナル作業ニモ就クコトヲ許ス。

作業ノ收入ハ本人ニ歸屬ス。但作業ニ關シテ生シタル費用ハ之ヲ控除ス。

刑法第三百六十一條第三項乃至第八項ニ依リ處斷セラレタル者ニハ禁錮四ノ作業ニ關スル規定（第二十三條乃至第二十五條）ヲ適用ス、但本人ノ承諾ナキモ刑期ノ全部ヲ通シ外役ニ就カシムルコトヲ得。

第二十七條　十八歲未滿ノ受刑者若クハ幼年監（第一條第五號）ニ在ル受刑者ノ作業ニ付テハ專ラ本人ノ敎養及ヒ將來ノ生計ニ着眼スヘキモノトス。

第二十八條

糧食

普通食ノ給與ニ因リ健康上害ヲ被ル受刑者ニハ監獄醫ノ意見ニ依リ其健康ニ適スル他ノ糧食ヲ給ス。

第二十九條　受刑者ニハ作業賞與金（第二十五條）ノ一部ヲ以テ飮食物ノ購求ヲ許スコトヲ得。

第三十條　城砦禁錮又ハ拘留ノ受刑者ハ刑法第三百六十一條第三號乃至第八號ニ依リ拘留ニ處セラレタル者ヲ除ク外監內規程ノ定ムル所ニ從ヒ自

辨ノ糧食ヲ用ウル權利ヲ有ス。此權利ハ濫用ノ事實アルトキハ之ヲ剝奪スルコトヲ得。

第三十一條　被服

受刑者ニハ監內規程ノ定ムル所ニ依リ同形ノ被服ヲ著用セシム。

公權ヲ有スル禁錮囚ニハ監獄長ニ於テ本人所有ノ被服及ヒ肌著類竝ニ臥具ノ使用ヲ許スコトヲ得。

城砦禁錮若クハ拘留ノ受刑者ニハ不相當若クハ不潔ノ缺點アル場合ニ限リ自衣ノ使用ヲ拒ムコトヲ得。

第三十二條　疾病

受刑者カ疾病ニ罹リタル場合ニ於テ監獄ニ於テハ適當ノ治療ヲ施スコト能ハス且刑ノ執行中止ノ命令ナキトキハ上級監督官廳ノ指定スル病院ニ

之ヲ移送ス。
獨居拘禁ニ付セラレタル受刑者ハ毎月少クモ一回監獄醫ヲシテ之ヲ訪問セシムヘシ。

教誨

第三十三條 懲役監、地方監獄竝ニ幼年監ニ於テハ日曜日及ヒ祭日ニ常例ノ禮拜式若クハ祈禱式ヲ執行ス。監獄長ハ囚人ニ對シ神事式ニ於ケル參加ヲ免スルコトヲ得。宗敎上ノ救濟式ニ於ケル參加ハ受刑者ニ對シテ之ヲ强制スルコトヲ得ス。
受刑者カ其屬スル宗派ノ僧侶ヨリ宗敎上ノ勸話ヲ聽カンコトヲ請フトキハ之ヲ拒ムコトヲ得ス。

教育

第三十四條

幼年監ニ拘禁スル受刑者ニハ小學校ノ教授科目ニ付キ教育ヲ授ク。懲役監及ヒ地方監獄ニ拘禁スル受刑者ニシテ小學教育ヲ授クヘキ必要アル者亦前項ニ同シ。

休養

第三十五條　受刑者ハ每日一時間戸外運動ヲ要求スル權ヲ有ス。受刑者ハ監獄備付ノ書籍及ヒ印刷物ニ限リ其看讀ヲ請求スルコトヲ得。除外例ハ監獄長之ヲ認許ス。

接見

第三十六條　懲役囚ニハ少クモ二月每ニ一回、禁錮囚ニハ少クモ四週間每ニ一回監獄官吏ノ立會ノ下ニ親族ノ訪問ヲ受クルコトヲ許ス。此制限ノ除外例竝ニ親族ニ非サル者トノ接見ハ監獄長之ヲ認許ス。

城砦禁錮又ハ拘留ノ受刑者ハ官吏ノ立會ナクシテ訪問者ト接見スルコトヲ得。接見ヲ害用スル虞アル者ニハ監房訪問ヲ拒ムコトヲ得。

第三十七條　信書ノ發受

受刑者ノ信書ノ往復ハ監獄長ノ監督ノ下ニ之ヲ爲サシム。裁判所及ヒ監督官廳ニ宛タル文書ハ其發送ヲ拒ムコトヲ得ス。

第六章　懲罰、情願權

第三十八條　受刑者ニ對スル懲罰トシテ其適用ヲ許スモノ左ノ如シ。

一　叱責。

二　法律（本法第二十九條、第三十一條第二項、第三十五條第二項）又ハ監內規程ニ依ル優遇ノ三月以內ノ禁止。

三　獨居拘禁ニ付セラレタル者ニ對スル一週間以內ノ就業禁止。

四　三月以內ノ圖書ノ看讀禁止。
五　最後ノ三月分ノ作業賞與金ノ半額以內ノ削減。
六　一週間以內ノ臥床臥具ノ禁止。
七　一週間以內ノ減食。
八　四週間以內ノ屏禁。屏禁ハ左ノ方法ニ依リ之ヲ加重スルコトヲ得。
イ　就業ノ禁止。
ロ　臥床臥具ノ禁止。
ハ　減食。
ニ　暗室。
上記ノ加重ハ個々ニ若クハ併合シテ之ヲ科スルコトヲ得。但(ロ)(ハ)(ニ)ノ
加重ハ四日目、八日目及ヒ爾後三日目每ニ之ヲ免ス。
九　四週間以內ノ施械。
十　笞罰。笞罰ハ公權ヲ有セサル男懲役囚ニシテ監獄官吏ニ對シ暴行ヲ

以テ抵抗ヲ爲シタル者ニ限リ之ヲ適用ス。

第五號乃至第七號ノ懲罰ハ併合シテ之ヲ適用シ、第八號ノ懲罰ト第二號及ヒ第五號ノ懲罰トハ之ヲ併合スルコトヲ得。

城砦禁錮囚ニ對シテハ第一號及ヒ第二號ノ懲罰ニ限リ、拘留囚ニ對シテハ刑法第三百六十一條第三號乃至第八號ノ規定ニ依リ處斷セラレタル者ヲ除ク外第一號乃至第四號第六號第七號ノ懲罰ニ限リ之ヲ適用スルコトヲ許ス。

十八歳未滿ノ受刑者ニ對シテハ學校ニ於テ適用スルコトヲ得ヘキ懲戒方法ヲモ行フコトヲ許ス。

第三十九條　撿束椅子及ヒ窄衣ハ暴行ヲ以テスル抵抗ヲ臨機制壓スル爲メ又ハ躁狂者ヲ抑制スル爲メ必要アル場合ニ限リ之ヲ適用スルコトヲ許ス。

第四十條　監獄長ハ懲罰ヲ言渡ス前受刑者ヲ審問スヘシ。
第三十八條第六號乃至第十號ノ懲罰ヲ適用スル場合ニ於テハ監獄醫ノ意

見ヲ聽クヘシ。

第四十一條　刑ノ執行方法及ヒ懲罰ノ言渡ニ關スル情願ハ監督官廳之ヲ裁決ス。

中央官廳カ監督ノ任ヲ有セサルトキハ受刑者ハ情願ノ裁決ニ對シ上級監督官廳ニ抗告ヲ爲スコトヲ得。

抗告ハ執行停止ノ效力ヲ有セス。

第七章　附則

第四十二條　帝國首相ハ行刑手續ニ違法ナキヤ否ヲ監視スル爲メ刑ノ執行ニ關スル設備方法ニ付キ報告ヲ徵シ又ハ委員ヲ派遣シテ調査報告セシムル職權ヲ有ス。

第四十三條　軍事裁判所ニ於テ執行スル自由刑及ヒ城砦ニ於テ執行スル城砦禁錮ニ關スル現行法規ハ本法ノ施行ニ因リ其效力ヲ妨ケラルルコトナ

シ。

第四十四條　本法ハ裁判所構成法ト同時ニ之ヲ施行ス。

本法第一條第一號、第三號乃至第五號、第四條、第五條、第六條第二項、第三項、第十四條、第十六條、第十九條ノ規定ヲ實行スルニ付キ聯邦各州ニ於テ之ニ必要ナル監獄ノ構造設備ニ缺陷ノ存スル程度ニ應シ聯邦議會ハ裁判所構成法施行後ニ於ケル一定ノ時ヲ以テ本法施行ノ日ト爲スコトヲ得。

獨逸聯邦議會決議

自由刑ノ執行ニ關スル原則

（千八百九十七年十月二十八日決議）

自由刑ノ執行ニ關スル原則

聯邦議會ハ千八百九十七年十月二十八日ノ決議ニ依リ左ニ掲クル原則ニ同意ヲ與ヘタリ此原則ハ裁判所ニ於テ言渡サレタル自由刑ノ執行ニ付キ適用スヘキ法規ニシテ聯邦各州ハ共通法ノ制定ヲ見ルニ至ルマテ之ヲ以テ行刑ノ準據ト爲スヘキモノトス

拘禁所

第一條　裁判所ニ於テ言渡サレタル自由刑ヲ執行スルニハ成ルヘク受刑囚ト他ノ種類ノ在監者トヲ分隔シテ拘禁ス。

第二條　懲役囚ヲ拘禁スル場所ハ特別ノ建物ノ內ニ之ヲ設備ス。特別ノ建物ヲ設備スルコト能ハサルトキハ懲役囚ト他ノ種類ノ在監者トハ全然其監房、工場、寢室及ヒ運動場ヲ別異セシム。其他懲役囚ト他ノ種類ノ在監者トノ間ニ於ケル總テノ交通ヲ防止スル爲メ必要ナル設備ヲ爲スヘシ。特ニ雜居敎誨堂及ヒ雜居敎場ニハ分隔ノ設備アルコトヲ要ス。

第三條　女囚ハ特設女監(又ハ通常監獄内ノ特別區)ニ拘禁スルヲ通則トス。之ヲ實行スルコト能ハサル例外ノ場合ニ於テハ女囚ト男囚トノ間ニ於ケル總テノ交通ヲ防止スル爲メ必要ナル設備ヲ爲スヘシ。女囚ノ戒護ハ大監獄ニ於テハ女性ノ官吏ノミヲシテ之ヲ擔當セシメ、小監獄ニ於テハ出來得ヘキ限リ女性ノ官吏ヲ以テ女囚ノ戒護者ニ充ツヘシ。

第四條　十八歲未滿ノ囚人ハ成年囚トノ間ニ於ケル總テノ交通ヲ防止スルコトヲ得ヘキ方法ニ於テ之ヲ分隔スヘシ。刑期一月以上ノ幼年囚ハ特設幼年監(又ハ通常監獄内ノ特別區)ニ拘禁スヘシ。幼年監又ハ幼年區ニ拘禁シタル者ハ滿二十歲ニ至ルマテ又滿二十歲ニ至リタル後三月内ニ刑期終了スヘキ者ハ其殘刑期間仍ホ繼續シテ之ヲ拘禁スルコトヲ得。

第五條　獨居監房ヲ新設スルトキハ最低限度トシテ監房ノ容積ヲ二十二立方「メーテル」、窓ノ採光面積ヲ一平方「メーテル」ト爲スヲ通則トス。夜間及ヒ休役時間ニ限リ拘禁シ又ハ刑期二週間以下ノ定役ニ服セサル囚人ヲ拘禁スル獨居監房ハ少クモ十一立方「メートル」ノ容積及ヒ半平方「メートル」ノ採光面積アルコトヲ要ス。窓ハ少クモ半マテ開閉スルコトヲ得ル様裝置スヘシ。

晝夜雜居拘禁ヲ行フ場所ハ在房者一人ニ對スル容積少クモ十六立方「メートル」ヲ下ラサル程度ニ於テ收容人員ヲ定ムルヲ通則トス。雜居寢房ハ通例一人ニ對スル容積十立方「メートル」雜居工場ニ在テハ一人當リ八立方「メートル」ヲ下ルヘカラス。

第六條　城砦禁錮囚ハ簡易ニ裝置シタル特設監房ニ拘禁シ他ノ種類ノ在監者ト分隔ス。城砦禁錮囚ハ運動時間ヲ除ク外監獄長ニ於テ特ニ許可ヲ與ヘタル場合ニ非サレハ其指定セラレタル監房ヲ出ツルコトヲ得ス。

第七條　監獄滿員ノ爲メ止ムコトヲ得ス一時囚人ノ拘禁ニ關スル規定ヲ實施スルコト能サルトキハ最高監督官廳ニ於テ臨機必要ノ措置ヲ爲スヘシ。

收監及ヒ釋放

第八條　收監ハ行刑指揮官廳ノ命令書ニ基キ之ヲ爲ス。收監命令書ニハ判決又ハ處罰命令ヲ明示シ且犯罪事實、刑名刑期及ヒ刑ノ起算時ヲ揭クヘシ。既ニ刑ノ一部分ノ執行ヲ了ヘ又ハ未決勾留日數ヲ刑期ニ算入シタル場合ニ於テハ其旨ヲ收監命令書ニ記載スヘシ。行刑指揮官廳カ自ラ監獄ヲ管理セサルトキハ收監命令書ヲ送付スルト同時ニ監獄長ニ對シ受刑者カ先ニ執行ヲ受ケタル懲役、禁錮及ヒ拘留(刑法第三百六十一條第三號乃至八號)ニ付キ知リ得タル事項ヲ報告スヘシ。

勾留狀、逮捕狀、受刑ノ爲メノ呼出狀又ハ其他ノ名義ニ基キ假收監ヲ爲シタルトキハ直チニ其旨ヲ行刑指揮官廳ニ報告スヘシ。

第九條　各監獄ニハ入出監簿ヲ備フヘシ。

前項ノ帳簿ニハ收監ノ日時、收監セラレタル者ノ氏名、收監命令書及ヒ判決又ハ處罰命令書ノ日附、刑名刑期、釋放ノ日時竝ニ釋放ノ事由ヲ記入スヘシ。
囚人ニハ收監ノ際刑期ノ計算ヲ告知スヘシ。
第十條　囚人ノ請求アルトキハ釋放ノ際執行濟ノ證明書ヲ交付スヘシ。

獨居拘禁

第十一條　懲役及ヒ禁錮ノ執行ニ付キ左ノ事由アルトキハ主トシテ獨居拘禁(刑法第二十二條)ヲ適用ス。
一　囚人ノ刑期三月ヲ超ヘサルトキ。
二　囚人ノ年齡二十五歲ニ滿タサルトキ。
三　囚人カ先ニ懲役、禁錮又ハ重拘留ノ執行ヲ受ケタルコトナキトキ。
第十二條　十八歲未滿ノ囚人ニ對シテハ監督官廳ノ認可アルニ非サレハ三月以上獨居拘禁ヲ繼續スルコトヲ得ス。
第十三條　囚人ノ身體若クハ精神ノ狀態ニ危險ヲ生スル虞アルトキハ之ヲ

獨居拘禁ニ付スルコトヲ得ス。

第十四條　監獄官吏ハ毎日數回、監獄長及ヒ監獄醫ハ少クモ毎月一回各獨居囚ヲ訪問スヘシ。

雜居拘禁

第十五條　雜居拘禁ニ付シタルトキト雖モ敎誨堂、敎場並ニ運動場ニ於テ囚人ノ分隔法ヲ施行スルコトヲ妨ケス。

夜間ハ成ルヘク各囚人ヲ個々ニ分隔スヘシ、但心神ノ狀態ニ依リ雜居拘禁ヲ必要トスル者ニ付テハ此限ニ在ラス。現在ノ構造設備カ分隔ノ實行ヲ許サヽルニ於テハ漸次本則ノ實現ニ努メ殊ニ新築及ヒ改築ノ場合ニハ此點ニ注意ヲ加フヘシ。

第十六條　雜居拘禁ニ在テハ成ルヘク拘留囚(刑法第三百六十一條第三號乃至八號ニ該ラサル者)及ヒ公權ヲ有スル禁錮囚ニシテ先ニ懲役又ハ刑期二

週間以上ノ禁錮若クハ二回以上ノ禁錮又ハ重拘留ノ執行ヲ受ケタルコトナキ者ト他ノ囚人トヲ分隔スヘシ。

作業

第十七條　禁錮囚及ヒ重拘留囚ニハ作業ヲ課スルヲ通則トス。公權ヲ有シ且先ニ懲役ノ執行ヲ受タルコトナキ禁錮囚ニハ監督官署ノ認可ヲ得タル上例外トシテ自營作業ニ就クコトヲ許ス。自營作業ハ賠償金ノ支拂ヲ條件トシテ之ヲ許スコトヲ得。賠償金ノ額ヲ定ムル標準ハ最高監督官廳之ヲ確定ス。自營作業ハ監獄長ノ監督ニ屬ス。

第十八條　囚人ニ作業ヲ課スルニハ其健康狀態、能力及ヒ將來ノ生計ニ注意スルコトヲ要ス。禁錮囚ニ付テハ尙ホ其敎育ノ程度及ヒ職業ノ關係ヲ斟酌スヘシ。

幼年囚ニ付テハ前項ノ外特ニ敎育ニ重キヲ置クヘシ。

第十九條　城砦禁錮囚ニハ刑ノ目的、監獄ノ安寧秩序ヲ害セサル限リ如何ナル種類ノ作業ニモ就クコトヲ許ス。

前項ノ規定ハ輕拘留囚ニモ之ヲ適用ス。　輕拘留囚ニハ其承諾ヲ得テ勞役ヲ課スルコトヲ得。

第二十條　就業時間ハ懲役囚ニ付テハ十二時間以下、禁錮囚及ヒ拘留囚ニ付テハ十一時間以下ヲ通則トス。

第二十一條　囚人ニ課シタル作業ノ收入ハ國庫ニ歸屬ス。　作業收入ノ內ヨリ作業賞與金ヲ計上シ之ヲ囚人ノ貸方ニ記帳スルコトヲ妨ケス。　賞與金ノ額ハ一日ニ付キ懲役囚ニハ二十「フエンニヒ」以下、禁錮囚及ヒ拘留囚ニハ三十「フエンニヒ」以下トス。　特別ノ事情アル場合ニ於テハ之ヨリ高キ額ヲ記帳スルコトヲ得。　記帳シタル賞與金計算高ニ付キ囚人ニ如何ナル權利ヲ與フヘキヤハ最高監督官廳之ヲ定ム。

自營作業ノ收入(第十七條第二項)ハ賠償金(第十七條第三項)ヲ支辨シタル殘額ニ限リ囚人ニ歸屬ス。

第二十二條 囚人ノ勞力ヲ利用スルニハ成ルヘク民業ノ利益ヲ害セサル方法ヲ講スヘシ。此目的ヲ達スル爲メ作業ノ經營ニ付テハ努メテ共通ノ原則ヲ立テ各監獄ニ於ケル特種ノ經濟事情ニ因リ例外ヲ認ムルノ已ムコトヲ得サル場合ヲ除ク外互ニ一致ノ歩調ヲ執ルヘキモノトス。殊ニ囚人ノ勞力ヲ事業家ノ請負ニ付スルコトハ成ルヘク之ヲ制限シ、出來得ル限リ多クノ作業種類ヲ設ケ且官廳ノ需用品ヲ供給スル範圍ヲ擴張シ、如何ナル場合ニ於テモ監獄作業ノ爲メ民業ヲ壓迫スルコトナキヲ期スヘシ。

糧食

第二十三條 糧食ハ囚人ノ健康及ヒ勞働能力ヲ維持スル程度ニ於テ之ヲ給與ス。

各囚ノ就役スル作業ノ種類ニ依リ糧食ニ種別ヲ設クルコトヲ許スモ其他ノ關係ニ於テハ同種類ノ囚人ニハ同種類ノ糧食ヲ給與スヘキモノトス。各個人ノ特別ナル事情ニ因リ其健康及ヒ勞働能力ヲ維持スル爲メ一般ノ糧食規程ニ對スル例外ヲ認ムヘキヤ否ハ監獄醫ノ意見ニ依リ監獄長之ヲ定ム。

第二十四條 輕拘留囚及ヒ城砦禁錮囚ニハ其請求ニ依リ監內規程ニ基キ糧食ノ自辨ヲ許ス。禁錮囚ニ對シ糧食ノ自辨ヲ許可スル程度ハ最高監督官廳之ヲ定ム。自辨糧食ハ適當ノ程度ヲ超ユルコトヲ得サルモノトス。

被服

第二十五條 監獄ニ於テハ監內規程ヲ以テ囚人ニ著用セシムヘキ獄衣ノ制ヲ施行スルコトヲ得。

獄衣ノ制ヲ施行スル監獄ニ於テハ懲役囚ノ獄衣ト他ノ囚人ノ獄衣トハ之

ヲ別異スルコトヲ要ス。輕禁錮囚及ヒ城砦禁錮囚ニハ自己所有ノ被服、襯衣及ヒ臥具ヲ使用スルコトヲ許ス、但其物品ハ十分需用ヲ充スニ足リ且不體裁若クハ不相當ノ觀ナキモノタルコトヲ要ス。公權ヲ有スル禁錮囚ニ對シ如何ナル條件ノ下ニ被服、襯衣及ヒ臥具ノ自辨使用ヲ許スコトヲ得ヘキヤハ監内規程ヲ以テ之ヲ定ム。

第二十六條　男懲役囚ニハ監内規程ノ定ムル所ニ依リ頭髮ヲ短薙シ鬚髯ヲ剃除セシム。其他ノ囚人ニ付テハ不潔又ハ不相當ト認ムヘキトキニ限リ頭髮及ヒ鬚髯ヲ變形セシム。

疾病

第二十七條　病囚ハ本人ヲ收容スル監獄又ハ特ニ病囚ノミノ爲メニ設ケタル監獄ニ於テ治療スルヲ通則トシ、疾病ノ狀態ニ因リ治療上必要アル場合ニ限リ監督官廳ノ定メタル監獄外ノ病院ニ移送ス。

囚人ノ分隔ニ關スル規定（第三條及ヒ第四條）ハ病囚ニ之ヲ適用セス。

敎誨

第二十八條　囚人カ其屬スル宗派ノ僧侶ヨリ宗敎上ノ勸話ヲ聽カンコトヲ請フトキハ之ヲ拒ムコトヲ得ス。大監獄ニ於テハ各日曜日及ヒ祭日ニ成例ノ禮拜式ヲ執行ス、若シ之ヲ行フ能ハサルトキハ祈禱式ヲ行フヘシ。　小監獄ニ於テモ囚人ノ宗敎的敎養ニハ成ルヘク注意ヲ加フルコトヲ要ス。　禮拜式及ヒ祈禱式ニハ總テノ囚人ヲ參加セシム。　監獄長ハ例外ノ場合ニ限リ各個人ニ對シ神事式ニ於ケル參加ヲ免スルコトヲ得。

城砦禁錮囚ニ對シテハ神事式ニ於ケル參加ヲ强制セス。　適當ノ場合ニ於テハ監獄ノ外ニ行ハルル所屬宗派ノ禮拜式ニ參詣セシムヘシ。

宗敎上ノ救濟式ニ於ケル參加ハ囚人ニ對シテ之ヲ强制スルコトヲ得ス。

教育

第二十九條　幼年監ニ拘禁スル囚人ニハ小學校ノ敎授科目ニ付キ敎育ヲ授ク。
三十歲以下ノ成年懲役囚及ヒ禁錮囚ニシテ其刑期三月以上ノ者ニ付キ尙ホ小學敎育ノ必要アルトキハ其程度ニ應シ成ルヘク前項ト同一ノ取扱ヲ爲スヘシ。

圖書印刷物

第三十條　囚人ニハ監獄備付ノ書籍及ヒ文書ニ限リ看讀スルコトヲ許ス、但監獄長ハ各場合ニ付キ除外例ヲ認許スルコトヲ得。
輕拘留囚及ヒ城砦禁錮囚ハ他ノ書籍及ヒ文書ヲモ看讀スルコトヲ得、但其選擇ハ監獄長之ヲ監督ス。

戸外運動

第三十一條　囚人ニハ實行上支障ナキ限リ毎日少クモ三十分間戸外ノ運動ヲ許ス。
城砦禁錮囚ニ對シテハ他囚ニ比シ長キ運動時間ヲ與フルヲ通則トス。其時間ハ一日五時間ヲ超ユルコトヲ得ス。

接見

第三十二條　懲役囚ニハ三月毎ニ一回、禁錮囚及ヒ拘留囚ニハ毎月一回監獄官吏ノ立會ノ下ニ親族ノ訪問ヲ受クルコトヲ許ス。特別ノ事情アル場合ニ於テハ監獄長ハ親族ニ非サル者ノ訪問及ヒ立會人ナキ接見ヲ許スコトヲ得。
城砦禁錮囚ニハ害用ノ虞ナキ限リ無制限ニ訪問ヲ受クルコトヲ許ス。尙ホ特別ノ場合ニ於テハ城砦禁錮囚自ラ監獄ノ外ニ居住スル者ヲ訪問スルコトヲ得。

書信

第三十三條　囚人ノ發受スル書信ハ監獄長之ヲ監督ス。　城砦禁錮囚ノ書信ハ濫用ノ虞アルトキニ限リ之ヲ監督ス。

裁判所、檢事局及ヒ監督官廳ニ宛タル文書ハ之カ發送ヲ拒ムコトヲ得ス。

他ノ官廳ニ宛タル文書ハ其內容カ誹譏其他犯罪ニ涉ルモノハ之ヲ留置ス。

囚人ニ宛タル信書ヲ本人ニ交付セス又ハ囚人ヨリ發シタル文書又ハ信書ヲ留置シタルトキハ理由ヲ開示シテ本人ニ其旨ヲ告知スヘシ。

懲戒

第三十四條　懲罰方法トシテ囚人ニ對シ適用ヲ許スモノ左ノ如シ。

一　叱責。
二　監內規程ニ基ク優遇ノ禁止。
三　四週間以內ノ書籍文書ノ看讀禁止。
四　獨居拘禁ニ付セラレタル者ニ對スル一週間以內ノ就業禁止。
五　一週間以內ノ戸外運動ノ禁止。
六　一週間以內ノ臥床臥具ノ禁止。
七　一週間以內ノ減食。
八　四週間以內ノ施械。
九　六週間以內ノ屏禁。
第一號乃至第八號ノ懲罰ハ個々ニ又ハ併合シテ之ヲ適用スルコトヲ得。
屏禁ハ左ノ方法ニ依リ之ヲ加重スルコトヲ得。
イ　監內規程ニ基ク優遇ノ禁止。
ロ　書籍及ヒ文書ノ看讀禁止。

ハ　就業ノ禁止。
ニ　臥床臥具ノ禁止。
ホ　減食。
ヘ　闇室。
前項ニ掲ケタル加重ハ懲罰期間ノ全部又ハ一部ニ對シ個々ニ又ハ併合シテ之ヲ適用ス、但闇室ニ依ル加重ハ四週間ヲ超ユルコトヲ得ス。一週間以上ノ屏禁ニ前項(ニ)(ホ)(ヘ)ノ加重ヲ併科シタルトキハ執行後第四日、第八日及ヒ爾後三日每ニ加重ヲ免ス。

城砦禁錮囚ニ對シテハ第一號乃至第三號及ヒ第五號ノ懲罰ニ限リ之ヲ適用スルコトヲ許ス。

輕拘留囚ニ對シテハ施械ヲ行フコトヲ許サス。

十八歲未滿ノ囚人ニ對シテハ施械及ヒ闇室ニ依ル屏禁ノ加重ヲ科スルコトヲ得ス。幼年囚ニ對シテハ本條ノ懲罰ヲ科スル外小學校ニ於テ同齡同性ノ生徒ニ對シ適用スルコトヲ得ヘキ懲戒方法ヲ施スコトヲ得。
本條第一項ニ掲ケタルモノノ外現時仍ホ懲役囚ニ對シテ適用セラルル懲罰方法ハ從前ノ範圍ニ於テ之ヲ施行スルコトヲ得。

第三十五條　懲罰ハ四人ヲ訊問シタル上監獄長又ハ監督官廳之ヲ言渡シ且即時ニ之ヲ執行スルヲ通則トス。
懲罰ハ第三十四條第一項第一號乃至第四號ニ掲ケタルモノヲ除ク外速ニ之ヲ監獄醫ニ通報シ監獄醫ヲシテ執行ニ對スル疑義ヲ監獄長ニ提出スル時機ヲ得セシムヘシ。

第三十六條　暴行ヲ以テスル抵抗行爲ヲ臨機制遏シ其他撿束ヲ完フスル爲メ他ニ適當ノ方法ナキトキハ懲役囚、禁錮囚及ヒ拘留囚ニ對シ窄衣又ハ戒具ヲ施用スルコトヲ得。

監内規程

第三十七條　監督官廳ハ各監獄ニ付キ囚人ノ處遇ニ關スル總テノ事項ヲ規定シタル監内規程ヲ制定ス。監内規程中重要ナル事項ハ收監ノ際囚人ニ之ヲ告知シ且其居房ニハ監内規程ノ備付アル旨ヲ指示スヘシ。

巡閲

第三十八條　監獄ハ少クモ二年每ニ一回監督官廳又ハ其代理者ニ於テ之ヲ巡閲スルコトヲ要ス。

情願

第三十九條　刑ノ執行方法及ヒ懲罰ノ言渡ニ關スル情願ニシテ刑事訴訟法第四百九十條ノ規定ノ範圍ニ屬セサルモノハ監督官廳之ヲ裁決ス。最高監督官廳ニ於テ直接ニ監督ヲ爲ストキハ情願ニ對スル裁決ハ終審ノ效力ヲ有ス。其他ノ場合ニ於テハ情願ノ裁決ニ對スル抗告ニ付キ最高監督官廳之ヲ裁決ス。

附則

第四十條　本則ノ規定ハ陸海軍ノ官廳又ハ領事廳及ヒ保護領土内ニ於テ執行スヘキ刑罰竝ニ城砦ニ於テ執行スル城砦禁錮刑ニハ之ヲ適用セス。

千八百九十七年十一月六日伯林ニ於テ

帝國首相代理　ニーベルディンク

獨逸監獄協會提案

自由刑及ヒ保安處分執行法案

（千九百十三年議定）

獨逸監獄協會提案

自由刑及ヒ保安處分執行法案

（千九百十三年議定）

第三節　通則

第二章　收監手續

第五節　衞生、醫療及ヒ死亡者ノ取扱……二三

第六節　教育……二五

獨逸監獄協會提案

自由刑及ヒ保安處分執行法案

第一章　官廳及ヒ其用法

第一節　監獄ニ關スル規定

第一條

一　自由刑ハ其種類ニ應シ特ニ設ケタル專用監獄又ハ通常監獄内ノ專用區ニ於テ之ヲ執行ス。新ニ監獄ヲ造築スル場合ニ於テハ懲役區、禁錮區若クハ輕禁錮區ヲ分設スヘシ、又懲役區ト拘留區トハ向後同一監獄内ニ併置スルコトヲ許サス。

二　各種ノ專用區ヲ併置スル監獄ニ在テハ隔離スヘキ在監者ノ種類ニ從ヒ敎誨堂、敎場及ヒ運動場ヲ各別ニ使用スルコトヲ要ス。

三　病者ニ付テハ隔離ノ規定ニ依ラサルコトヲ得。

第二條

一　婦女ハ之ニ充テタル專用監獄又ハ專用區ニ拘禁スヘシ。同一監獄ニ男女ヲ集禁スルニハ監獄ノ構造自體ニ於テ兩性間ニ行ハルヘキ各般ノ交通ヲ遮斷スルニ足ル設備アルコトヲ要ス。

二　規模ノ大ナル監獄又ハ專用區ニ於テハ成ルヘク女吏員ノミヲ使用ス。小監獄ニ在テハ少クモ助手トシテ女吏員ヲ置キ婦女ニ關スル事務ヲ補助セシムヘシ。

三　身體ノ捜檢及ヒ入浴ノ際ハ專ラ女吏員ヲシテ其事務ヲ執ラシムヘシ。

第三條　公權ヲ有セサル在監者ハ他ノ在監者ト隔離スヘシ。

第四條

一　幼年四ニシテ一月以上ノ自由刑ニ處セラレタル者ハ特ニ設ケタル專用監獄又ハ完全ニ分隔シタル專用區ニ收容シテ其刑ヲ執行ス。專用監獄又ハ專用區ニ收容シタル幼年囚ハ成年ニ達スル迄其儘之ヲ拘置スルコトヲ得。初犯者ト數個ノ前科ヲ有スル者トハ之ヲ隔離ス。精神的低格者ト普通能力者トハ之ヲ隔離スルコトヲ得。

二 收監ノ際十八歲以上二十歲未滿ニシテ一年以上ノ自由刑ニ處セラレタル者ハ幼年處遇ヲ適當ト認ムヘキ事由ノ存スル間、特ニ設ケタル專用監獄又ハ專用區ニ收容シ、幼年ニ對スル特別規定ニ依リ其刑ヲ執行スルコトヲ得。此場合ニ於テハ十八歲以上二十歲未滿ノ者ハ幼年囚ト隔離スヘク、又禁錮囚ト懲役囚トハ之ヲ隔離スヘシ

第五條 刑法第　　條ニ依リ處斷セラレタル者其精神狀態ニ徵シ隔離ノ必要アリト認ムヘキトキハ之レカ爲メ特ニ設ケタル專用監獄又ハ專用區ニ於テ自由刑ヲ執行ス。身體不具者モ亦特別ノ收容所ニ拘置シ精神的低格者ニ對スル執行方法ヲ併用シテ之ヲ處遇スルコトヲ得。特別收容所ニ於テハ成ルヘク懲役刑ヲ執行スヘキ者ト其他ノ刑ヲ執行スヘキ者トヲ隔離

スヘシ。

第二節　保安處分ノ執行場ニ關スル規定

第六條　勞役場留置ハ國立ノ收容所ニ於テ之ヲ執行ス。勞役場ニハ成ルヘク專用ノ營造物ヲ以テ之ニ充ツヘシ。勞役場ト他ノ營造物トヲ併置スル場合ニ於テハ勞役場ハ他ノ營造物ト分離シテ之ヲ建設ス。竊盜、臟物又ハ詐欺ニ依リテ處斷セラレタル者ト賣淫婦ヲ使役シテ利ヲ圖リタル罪ニ依リ處斷セラレタル者トハ各之ヲ隔離シ且此等ノ者ハ他ノ在場者ト隔離スヘシ。

第七條　保安勾留(刑法第　條)ハ國立ノ營造物ニシテ且成ルヘク專用ノ收容所ニ於テ之ヲ執行ス。他ノ目的ノ爲メニモ兼用セラルル營造物ニ於テ保安勾留ヲ執行スルニハ保安勾留執行ノ爲メ建物ヲ分設ス。男女ハ之ヲ隔離スヘシ。

第八條　保安處分トシテ精神的低格者ヲ拘禁スルニハ（刑法第　　條）監獄又ハ監獄内ノ精神病監竝ニ勞役場ヲ以テ其執行場ニ充ツルコトヲ得ス。

第九條　保安處分トシテ荒酒者ヲ拘禁スルニハ（刑法第　　條）監獄又ハ勞役場ヲ以テ其執行場ニ充ツルコトヲ得ス。私設ノ收容所ニシテ拘禁ノ場所ニ充ツヘキモノナキトキハ國立ノ收容所ヲ建設スヘシ。

第三節　通則

第十條

一　獨居監房ノ容積ハ二十二立方「メートル」、窓ノ採光面積ハ一平方「メートル」ヲ最少限度トシ、夜間及ヒ休役時ノミノ用ニ供スル獨居監房又ハ刑期二週間以下ニシテ作業ニ就カサル在監者ノ爲メニ設クル獨居監房ノ窓ノ採光面積ハ二分ノ一平方「メートル」ヲ最少限度トス。獨居監房ノ窓ハ少クモ其半迄開キ得ル樣裝置スヘキモノトス。

二　雑居監房ノ容積ハ晝夜雑居監房ニ在テハ一人當リ十六立方「メートル」、雑居工場ニ在テハ一人當リ十立方「メートル」、雑居寢房（夜間雑居監房）ニ在テハ八立方「メートル」ヲ下ルコトヲ得ス。

三　輕禁錮ノ受刑者ヲ拘禁スル監房ハ少クモ其容積ヲ二倍ニシ且其設備装飾ヲ増施スルコトヲ要ス。

四　獨居病室ノ容積ハ四十立方「メートル」、雑居病室ノ容積ハ寢臺一個毎ニ三十立方「メートル」ヲ下ルコトヲ得ス。

五　農耕開墾ノ作業ニ就カシムル場合ニ於テハ在監者ヲ假監ニ收容スルコトヲ得。

第十一條　監獄ニ於テハ監内規程ヲ制定シ之ヲ公布スヘシ。監内規程ニハ在監者ノ處遇竝ニ其權利義務ニ關スル帝國法及ヒ聯邦州法ノ規定ヲ掲示スヘシ。

第二章　收監手續

第十二條　收監ハ執行指揮官廳ノ發シタル書面ニ依ル命令ニ基キ之ヲ爲ス收監命令ニハ判決、區裁判所判事ノ處罰命令又ハ警察官ノ即決處分ヲ掲ケ且犯罪行爲、刑名刑期及ヒ刑期ノ起算點ヲ明示スヘシ。刑ノ一部執行ヲ終ヘ又ハ未決勾留ノ日數ヲ刑期ニ算入シタルトキハ其旨ヲ收監命令ニ記載スヘク又執行指揮官廳自ラ監獄管理ノ任務ヲ擔當セサルトキハ收監命令ノ送付ト同時ニ本人ノ前科ニ付キ知リ得タル事項ヲ監獄ニ報告スヘシ。

第十三條

一　收監及ヒ釋放ニ付テハ在監者名簿ヲ作リ必要事項ヲ之ニ記載スヘシ。

二　在監者名簿ニ記載スヘキ事項ハ左ノ如シ。

收監ノ日時。

本人ノ氏名、住居、出生時、出生地、身分、宗旨、家族關係。

收監命令及ヒ判決、區裁判所判事ノ處罰命令又ハ警察官ノ即決處分ノ日附。

刑名刑期。

釋放ノ日時及ヒ其事由。

第十四條

一　監獄ニハ受刑者ノ幼兒ヲ携帶スルコトヲ許サス但乳兒ニシテ母ト分離シ難キ者アルトキハ此限ニ在ラス。

二　前項但書ノ場合ヲ除ク外受刑者ノ携帶シタル幼兒ハ警察官廳又ハ救恤官廳ニ於テ之レカ引取ノ手續ヲ爲スニ至ル迄ノ間ニ限リ監獄ニ在留セシム。

第十五條　收監スヘキ者一見病者タルノ外觀ヲ有スルトキハ直チニ監獄醫ヲシテ入監ニ堪ユル能力アルヤ否ヲ診斷セシムルコトヲ要ス。監獄醫ニ於テ其能力ナシト診定シタルトキハ遲滯ナク執行指揮官廳ノ決定ヲ請フヘシ。

第十六條
一　入監者ノ身體及ヒ所持品ハ特別ノ事由ナキ限リ之ヲ檢査スヘキモノトス。
二　身體檢査ノ際ニハ本人ノ羞耻心ヲ傷ケ又ハ其面目ヲ汚スコトナキヲ要ス。
三　携帶品ニシテ刑罰執行中特ニ要用ナキ物ハ之ヲ領置スルヲ通則トス。金錢、貴重品及ヒ害用ノ虞アル物件ハ之ヲ領置スルコトヲ要ス。
四　監獄ニ於テハ個人識別ノ資料ニ供スル爲メ身體ノ各部ヲ測定シ臨寫撮影シ其他必要ナル處置ヲ爲スコトヲ得。

第十七條
一　新入監者ニハ收監ノ際監內規程ヲ遵守スヘキ旨ヲ訓諭シ且其遵守事項ハ印刷ニ付シ各自ノ居房ニ備ヘ付ケアルコトヲ告知スヘシ。

二　收監ノ際ニハ本人ニ對シ刑期ノ計算ヲ告知スヘシ。

第三章　拘禁ノ方式

第十八條　拘禁ノ方式(獨居拘禁又ハ雜居拘禁)ヲ定ムルニハ在監者ノ人格、犯罪行爲及ヒ來歷ヲ參酌スルコトヲ要ス。選定シタル拘禁法ハ後ニ至リ取消スコトヲ得ヘキモノトス。

第十九條　獨居拘禁ニ在リテハ一人ヲ一房ニ收容シ作業、運動(第二十一條第二項)、禮拜及ヒ授學ノ時ニ於テモ他ノ在監者ト相隔離ス。但運動、禮拜及ヒ授學ノ時ニ限リ隔離ヲ解クコトヲ得。

第二十條

一　執行ハ獨居拘禁ヲ以テ始ムルヲ通則トス。刑期三月以下ノ者ハ支障ナキ限リ全期間ヲ通シ獨居拘禁ニ付ス。獨居拘禁ノ必要アル間ハ本人ノ承諾ナシト雖モ三年ニ至ル迄之ヲ繼續スルコトヲ得。他ノ在監者ヲ惡化シ又ハ秩序安寧ヲ紊ス虞アルトキハ三年ヲ超ユルモ仍ホ之ヲ繼續ス。獨居拘禁ニ因リ在監者ノ身體又ハ精神ニ危害ヲ生スヘキ虞アルトキハ之ヲ適用セス。

二　在監者自ラ獨居拘禁ヲ出願スルトキハ其請願ヲ聽許スヘシ。

第二十一條

一　雜居拘禁ニ付シタルトキト雖モ運動、禮拜及ヒ授學ノ際各在監者ヲ隔離スルコトヲ妨ケス。

二　在監者相互ノ交通ヲ許容スル範圍ハ監內規程ニ於テ之ヲ定ム。

三　夜間ハ各在監者ヲ隔離ス。但身體又ハ精神ノ狀態ニ依リ雜居ノ必要アル者ハ此限ニ在ラス。

第四章　處遇

第一節　總則

第二十二條

一　法律又ハ其施行規則ニ於テ許容セサル刑ノ加重又ハ輕減ハ總テ之ヲ禁止ス。

二　刑ヲ執行スルニハ在監者ヲ獨居拘禁ニ付シタルト雜居拘禁ニ付シタルトヲ問ハス、一樣ニ刑罰ノ痛苦ヲ實現セシメ風紀ト秩序ヲ維持スルト共ニ受刑者ノ精神及ヒ德義ヲ向上發達セシメ、其健康ト勞働能力ヲ保全スルコトヲ努ムヘシ。

三　此目的ヲ達スルニハ嚴正、公平及ヒ人情ヲ以テ事ニ當ルト同時ニ各在監者ノ人格、犯罪行爲及ヒ來歷ヲ考察スルコトヲ要ス。　女性、不具又ハ高齡ノ如キハ特ニ注意スヘキ所トス。

第二十三條

一　懲役刑ニ付テハ刑期一年、禁錮刑ニ付テハ刑期六月ヲ經過シタル後、作業ノ選擇、賞與金ノ計算率、接見及ヒ書信ノ度數、文書ノ看讀竝ニ其他ノ優遇ニ關スル一般ノ制限ヲ漸次ニ緩和スルコトヲ得。

二　前項ノ期間經過前ト雖モ殊ニ作業ニ勉勵シ且行狀善良ナル在監者ニ對シテハ奬勵ノ爲メ諸般ノ優遇(第二十七條、第三十三條第三項二段、第三十四條、第四十二條、第四十三條、第四十四條)ヲ與フルコトヲ得。

第二十四條

一　在監者ハ執行ニ於ケル各個ノ處分殊ニ處遇及ヒ懲罰ニ對シ情願ヲ爲ス權ヲ有ス。但不服ノ存スル事故ノアリタルヨリ一週間ヲ經過シタル後提出シタル情願ニ付テハ裁決ヲ强要スルコトヲ得ス。

二　數人共同ノ情願ハ之ヲ許サス。

三　情願ハ執行停止ノ效力ヲ有セス。

四　情願ハ刑事訴訟法ノ適用ヲ受クルモノヲ除ク外、監督官廳之ヲ裁決ス。最高監督官廳カ直接ニ監督ヲ爲ス場合ニ於テハ情願ハ一審限リトシ、其他ノ場合ニ於テハ最高監督官廳情願ノ裁決ニ對スル抗告ヲ裁決ス。

第二節 教誨

第二十五條
一 在監者自巳ノ屬スル宗派ノ僧侶ヨリ宗教上ノ勸話ヲ聽カンコトヲ請フトキハ之ヲ拒ムコトヲ得ス。
二 基督教及ヒ猶太教ノ信徒ノ爲メニハ定式ノ教誨ヲ施スヘキ準備ヲ爲シ置キ、又必要アルトキハ常例ノ禮拜式及ヒ祈禱式ヲ執行セシムヘシ。
三 在監者ハ何レモ自巳ノ屬スル宗派ノ禮拜式及ヒ祈禱式ニ參加スル義務ヲ負フ。特別ノ事由アルトキハ教誨師ノ意見ヲ聽キ之ヲ免スルコトヲ得。但聖餐禮ニ付テハ在監者ノ之ニ參加スルコトヲ强要セス。

第二十六條 特設幼年監又ハ幼年囚ニ充テタル特別區ニ於テハ宗教ニ關スル必要事項ヲ教授ス。宗教教育ハ成年在監者ニモ亦之ヲ施スコトヲ得。

第三節　作業

第二十七條

一　懲役囚ニハ監內ニ施設スル作業ヲ課シ之ニ就カシム。監外ニ於ケル作業モ亦之ヲ課スルコトヲ得。外役ニ就カシメタルトキハ自由民及ヒ他種ノ受刑者ト隔離スヘシ。

二　禁錮囚ニハ監獄ノ設備ノ許ス限リ成ルヘク本人ノ生活關係ニ相應スル作業ヲ課ス。監外ノ作業ハ本人ノ承諾アルニ非サレハ之ヲ課スルコトヲ得ス。外役ニ就カシメタルトキハ自由民及ヒ他種ノ受刑者ト隔離スヘシ。禁錮囚ニハ例外トシテ本人ノ自營作業ニ就クコトヲ許スコトヲ得。此場合ニ於テハ何時ニテモ許可ヲ取消スコトヲ得ヘク又其作業ハ監獄ノ紀律ニ害ナキモノナルコトヲ要ス。

三　拘留囚ニハ自營作業ニ就クコトヲ許ス。其作業ハ監獄ノ紀律ニ害ナキモノタルコトヲ要ス。自營作業ニ就カサルトキハ本人ノ請願ニ依リ其生活關係ニ成ルヘク相應スル作業ヲ選ミ之ヲ授ク。此場合ニ於テハ本人ハ授ケラレタル作業ヲ終了スル義務ヲ負フ。

四 輕禁錮囚ハ自營作業ニ就ク義務ヲ負フ。其作業ハ監獄ノ紀律ニ害ナキモノタルコトヲ要ス。自營作業ニ就カサルトキハ監獄ニ於テ相當ノ作業ヲ課ス。

五 第二項及ヒ第三項ノ場合ニ於テハ自營作業ヲ許ス條件トシテ本人ニ對シ辨償金ノ支拂ヲ命スルコトヲ得。

第二十八條

一 日曜日及ヒ監獄所在ノ地ニ於テ法律上休日ト定メラレタル日ニハ就業ヲ免ス。但監獄ノ經理ニ關シ必要ナル勞役及ヒ急速ヲ要スル作業ニ付テハ此限ニ在ラス。

二 就業時間ヲ定ムルニハ懲役囚ニ對シテハ禁錮囚ニ對スルヨリモ之ヲ

長クシ、禁錮囚ニ對シテハ拘留囚及ヒ輕禁錮囚ニ對スルヨリモ之ヲ長クスヘシ。

三　就業時間ハ懲役囚ニ對シテハ十二時間、禁錮囚ニ對シテハ十一時間、拘留囚及ヒ輕禁錮囚ニ對シテハ八時間ヲ超ヘサルヲ通則トス。

四　作業ハ相當ノ食事及ヒ休憩時間ノ爲メ中斷セラル。食事時間及ヒ休憩時間ヲ定ムルニハ禁錮囚ニ對シテハ懲役囚ニ對スルヨリモ之ヲ長クシ、拘留囚及ヒ輕禁錮囚ニ對シテハ禁錮囚ニ對スルヨリモ之ヲ長クスヘシ。

第二十九條

一　健康ニ害アル作業ハ之ヲ施設スルコトヲ許サス。

二　監獄官吏ノ私用ノ爲メニハ在監者ヲ使役スルコトヲ許サス、但耕作及ヒ園藝ハ此限ニ在ラス。

三　作業ハ其性質ノ許ス限リ一日ノ科程ヲ定メテ之ヲ課シ其科程ノ了否

ヲ監査スヘシ。科程ヲ終了スルモ規定ノ就業時間内ハ引續キ就業セシムヘシ。

第三十條

一　在監者ニ課シタル作業ノ收入ハ國庫ニ歸屬ス。自營作業ノ收入ハ在監者本人ノ所得トス(第二十七條第二項乃至第五項)。

二　作業ヲ課セラレタル在監者ノ爲メニハ其作業ヨリ生スル收入ヲ以テ支給スヘキ作業賞與金ヲ計算シ之ヲ本人ノ貸方ニ記帳スルコトヲ得。作業賞與金ハ刑ノ種類ノ異ナルニ從ヒ各別ニ其額ヲ定ム。在監者ハ作業賞與金ノ記帳又ハ其支拂ヲ請求スル權利ヲ有セス。

三　作業賞與金ノ記帳アルモ其金額ニシテ官廳又ハ保護會ノ保管ニ係ルトキハ强制執行ノ方法ニ依リ之ヲ差押フルコトヲ得ス。作業賞與金ハ本人ニ交付セラレタル後ト雖モ之ヲ以テ裁判費用、執行費用、租税、手數料、恤救費ノ辨償及ヒ之ニ類スル義務ニ基ク强制執行ノ目的物ト爲スコトヲ得ス。

四　在監者故意又ハ重過失ニ因リ官有物ヲ毀損シ又ハ逃走シタルトキハ記帳セラレタル作業賞與金ヲ以テ毀損物ノ賠償及ヒ逃走ノ際滅失若クハ毀損シタル物ノ賠償竝ニ逮捕送還ニ要シタル費用ノ賠償ニ關スル請求ノ目的物ト爲スコトヲ得。

第三十一條

一　作業ヲ經營スルニハ民間ノ工業家及ヒ勞働者ノ利益ニ付キ最深ノ注意ヲ加フヘシ。私人タル工業主ニ在監者ノ勞力ヲ賃貸スル契約ハ其範圍ヲ制限スヘシ。其他監獄ニ於テ施設スル作業ハ成ルヘク多數ノ業種ニ分ツコトヲ要ス。

二　作業ヲ施設スルニハ最先ノ目的トシテ出來得ル限リ監獄ノ需用品タル一切ノ被服、臥具及ヒ備品ヲ製作シ且其原料ヲモ產出センコトヲ圖ルヘシ。監內ノ經理ニ關スル勞役ニハ在監者ヲ使用スルコトヲ要ス。

三 前項ノ外監獄作業ノ種類ヲ定ムルニハ國家若クハ公共ノ用ニ充ツヘキ工作又ハ官廳ノ監督ノ下ニ施行スル役業ヲ選ムヘシ。

第四節 糧食、被服及ヒ臥具

第三十二條

一 糧食、被服及ヒ臥具ハ在監者ノ健康ヲ維持シ其勞働能力ヲ保存スル必要ヲ程度トシテ之ヲ給與スル規定ヲ設ケ尚ホ宗派、儀式、氣候、風土其他土地ノ關係ヲ斟酌シテ細則ヲ定ム。 殊ニ長期刑ノ在監者ニ付テハ入出監ノ際並ニ行刑中ニ行フ身體檢査ノ結果ニ照シ營養ノ良否ヲ監督スヘシ。

二 頭髮鬚髯ハ不潔又ハ不穩當ト認ムヘキトキニ限リ之ヲ變形セシムヘシ。

第三十三條

一 懲役囚及ヒ禁錮囚ニハ監獄ヨリ糧食、被服及ヒ臥具ヲ給ス。 公權ヲ有スル禁錮囚ニハ本人所有ノ被服、襯衣及ヒ蒲團ノ使用ヲ許ス。但其品質數量ハ相當ニシテ且十分ナルコトヲ要ス。

二　禁錮囚ニハ其健康ヲ保全スルニ必要ナル糧食ヲ供給スル設備ナキトキニ限リ糧食ノ自辨ヲ許スコトヲ得。

三　輕禁錮囚ハ自費ヲ以テ糧食及ヒ相當ノ被服ヲ調達シ且自己ノ襯衣蒲團ヲ使用スヘキモノトス(第一項)。拘留囚ニハ前段ノ自辨ヲ許スコトヲ得。

四　自辨糧食ハ相當ノ程度ヲ超ヘサルコトヲ要ス。火酒ノ飲用ハ之ヲ許サス。

五　護送、公判期日、官公署ノ呼出竝ニ之ニ類スル場合ニハ懲役囚及ヒ公權ヲ有セサル禁錮囚ニモ自衣ノ着用ヲ許スコトヲ得。

第三十四條

一　懲役囚ニハ刑期六月、禁錮囚ニハ刑期三月ヲ經過シタル後、拘留囚及ヒ輕禁錮囚ニハ刑期ノ初ヨリ優遇ノ方法トシテ第二十三條作業賞與金ヲ以テ特別ノ飲食物ノ購求ヲ許スコトヲ得、但酒類ハ此限ニ在ラス。

二 拘留囚及ヒ輕禁錮囚ハ作業賞與金ノ外尙ホ自巳ノ所持金ヲ前項ノ購求費ニ充ツルコトヲ得、但相當ノ程度ヲ超ユルコトヲ許サス。

三 煙草、嗅煙草、嚼煙草ハ幼年囚及ヒ監外ノ强役ニ就カサル懲役囚ニハ之ヲ許サス。

第五節 衛生、醫療及ヒ死亡者ノ取扱

第三十五條

一 外役ニ就カサル在監者ニハ毎日少クモ一時間屋外運動ヲ爲サシムヘシ。

二 拘留囚及ヒ輕禁錮囚ニ對シテハ刑期ノ長短ヲ斟酌シタル上他囚ニ比シ長キ運動時間ヲ定ムヘシ但拘留囚ニ對シテハ毎日二時間、輕禁錮囚ニ

對シテハ毎日五時間ヲ超ヘサルコトヲ要ス。

三　幼年囚ニ對シテハ少クモ二時間ノ運動時間ヲ與ヘ且其間體操ヲ爲サシムヘシ。

四　屏禁中ニ在ル在監者ハ運動ノ際他ノ在監者ト分離スヘシ。

第三十六條　已ムコトヲ得サル事由ニ依リ姙婦ヲシテ在監ノ儘分娩セシメ難キトキハ本人ニ一時歸宅ヲ許スヘク、若シ之ヲ相當ト思料セサルトキハ本人ヲ監外ノ出產所ニ入ラシムル樣取計フヘシ。

第三十七條

一　病囚ハ監獄醫ヲシテ之ヲ診斷セシム。監獄醫ノ來診ヲ待ツ能ハサルトキハ他ノ醫師ヲシテ之ニ代ラシム。監獄醫ノ請求アルトキハ他ノ醫師殊ニ專門醫ヲ聘スルコトヲ得。在監者自費ヲ以テ他ノ醫師ヲ聘シ監獄醫ノ治療ヲ補助セシメンコトヲ請フトキハ之ヲ許スコトヲ得。

二　病囚ニ對スル醫療ハ本人ヲ拘禁スル監獄又ハ病囚ノミノ爲メニ設ケ

タル專用監獄ニ於テ之ヲ施スヲ通則トス。疾病ノ狀態ニ徵シ必要アリト認ムル場合ニ限リ本人ニ一時歸宅ヲ許スヘク、若シ之ヲ相當ト思料セサルトキハ監外ノ病院ニ移送スヘシ。

三 在監者ノ疾病危篤ナルトキ又ハ在監者死亡シタルトキハ居所ノ知レタル最近緣ノ親族ニ遲滯ナク其旨ヲ通知シ尙ホ本人ノ希望アルトキハ親族以外ノ者ニモ通知ノ手續ヲ爲スヘシ。

第三十八條

一 精神病ノ疑アル在監者ハ精神病學ノ素養アル專門家ヲシテ之ヲ取扱ハシムヘシ。

二 在監者精神病ニ罹リタルトキハ特設精神病監若クハ監獄內ノ精神病區ニ收容シ又ハ本人ニ一時歸宅ヲ許スヘク、若シ之ヲ相當ト思料セサルトキハ監外ノ公設病院若クハ保護院ニ移送スヘシ。

第三十九條

一　衞生警察上ノ監督ニ關スル一般ノ法令ハ監獄ニモ亦之ヲ準用ス。
二　身分取扱吏ニ對シテ爲ス出生及ヒ死亡ノ屆出ニハ出生ノ地又ハ死亡ノ地トシテ監獄ノ名ヲ表示スルコトヲ避クヘシ。

第四十條
一　懲役囚、禁錮囚、勞役場ニ留置セラルル者及ヒ保安勾留ノ執行中ニ在ル者ノ死體ハ其者ノ近親ニ於テ死亡ノ事實ヲ知リタル、ヨリ四十八時間內ニ費用ヲ支辨シテ埋葬ヲ求メサルトキニ限リ學術研究ノ爲メ之ヲ公設ノ營造物ニ交付スルコトヲ得。
二　前項ニ揭ケタル者ノ死體ハ何レノ場合ニ於テモ之ヲ解剖ニ付スルコトヲ許ス。

第六節　敎育

第四十一條　特設幼年監又ハ監獄內ノ幼年區ニ收容スル幼年囚ニハ相當ノ

學課ヲ授ク。成年囚ノ爲メニモ學課ヲ設クルコトヲ得。

第四十二條

一　休役時間ヲ圖書ノ看讀ニ利用セシムル爲メ宗教、學藝及ヒ娛樂ニ關スル圖書ヲ十分ニ備ヘ置クヘシ。

二　懲役囚及禁錮囚ニハ通則トシテ監獄備付ノ圖書ニ限リ之ヲ看讀セシムルコトヲ得。獨居拘禁ニ付セラレタル在監者ニハ例外トシテ新聞紙及ヒ專門學術ニ關スル文書ノ看讀ヲ許スコトヲ得。

三　拘留囚及ヒ輕禁錮囚ハ監獄備付ノ圖書ノ外監獄ノ紀律ニ害ナキ限リ自已ノ取寄セタル圖書及ヒ新聞紙ヲ看讀スルコトヲ得。

第七節　交通

第四十三條

一　懲役囚ニハ三月毎ニ一回、禁錮囚ニハ毎月一回、拘留囚及ヒ幼年囚ニハ二週間毎ニ一回監獄官吏ノ面前ニ於テ親族トノ接見ヲ許スヲ通則トス。親族ニ非サル者トノ接見及ヒ前段所定ノ回數ヲ超ユル接見モ亦之ヲ許スコトヲ得。

二　輕禁錮囚ニ付テハ濫用ノ虞ナキ限リ接見ニ制限ヲ附セス。

三　濫用ノ事實アルトキハ接見ノ許可ニ制限ヲ加ヘ又ハ一定ノ期間許可ヲ取消スコトヲ得。

第四十四條

一　書面ニ依ル交通ハ監獄長ノ監督ノ下ニ之ヲ爲サシム。敎誨師ハ受信及ヒ發信ノ内容ヲ知得スヘシ。必要アルトキハ監獄醫亦同シ。幼年囚ノ書信ニ付テハ右ノ外尙ホ敎師ニ於テ其内容ヲ知得スヘシ。成年ノ拘留囚ニハ何時ニテモ取消シ得ヘキ條件ノ下ニ無檢閱ノ儘信書ノ發受ヲ許スコトヲ得。

二　懲役囚ニハ三月毎ニ一回、禁錮囚ニハ毎月一回、拘留囚及ヒ幼年囚ニハ二週間毎ニ一回一通ノ信書ヲ發受スルコトヲ許スヲ通則トス。

三　輕禁錮囚ニ付テハ濫用ノ虞ナキ限リ信書ノ發受ニ制限ヲ附セス。

四　濫用ノ事實アルトキハ信書ノ發受ニ制限ヲ加ヘ又ハ一定ノ期間許可ヲ取消スコトヲ得。

五　内容ノ不都合ナル爲メ受信ヲ在監者ニ交付セス又ハ在監者ノ差出シタル願書若クハ信書ヲ發送セサルトキハ理由ヲ開示シテ其旨ヲ本人ニ告知スヘシ。受信中差支ナキ部分ハ之ヲ本人ニ讀聞カスヘシ。

六　精神病者殊ニ訴願狂ト認ムヘキ者ノ文書ハ監獄醫ノ同意ヲ得テ其儘之ヲ記錄ノ中ニ留置スヘシ(第七十二條第二項(ヘ))

第四十五條

一　接見書信ノ旨趣カ在監者ノ法律上ノ權利義務若クハ業務上ノ所要事項ニ關スルトキ又ハ本人ノ出獄後ニ於ケル生計ノ用件ニ係ルトキハ規定ノ制限ニ相當ノ斟酌ヲ加フヘシ。

二　裁判所、檢事局及ヒ監督官廳ニ宛タル書面ハ之ヲ留置スルコトヲ得ス。其他ノ官公署ニ宛タル書面ハ侮辱ノ旨趣ヲ包含シ其他罪トナルヘキ文言ヲ記載スルモノニ限リ之ヲ留置スルコトヲ得。此場合ニ於テハ第四十四條第六項ノ規定ヲ適用ス。

第八節　幼年囚ニ對スル特別規定

第四十六條

一　幼年囚ニ對スル刑罰ノ執行ニ付テハ教育及ヒ訓練ニ特別ノ注意ヲ加フルコトヲ要ス。殊ニ唱歌、體操及ヒ手工ノ教習ヲ奬勵スヘシ。

二　刑期ノ關係上純然タル器械的勞働ニ屬セサル作業ヲ修習セシムルコトヲ許ス場合ニ於テハ一定ノ手工業又ハ專門ノ技藝ヲ教授スルコトヲ努ムヘシ。入監前一定ノ職業ヲ有シ又ハ出監後一定ノ職業ニ就カンコトヲ志願スル幼年囚ニハ之ニ關スル理論上及ヒ實際上ノ教習ヲ爲サシムヘシ。

第四十七條

一 幼年ノ拘留囚ハ自營作業ニ就ク請求權ヲ有セス。然レトモ事情ニ因リ監獄ニ於テ之ヲ許スコトヲ得。

二 幼年囚及ヒ二十一歲未滿ノ在監者ニ付テハ作業時間ヲ指定スル際本人ノ精神上及ヒ肉體上ノ發達ヲ斟酌スルコトヲ要ス。

三 幼年ノ禁錮囚ニ與フル休憩時間ハ第二十八條第四項ニ依リ拘留囚及ヒ輕禁錮ニ適用スヘキ原則ニ從ヒ之ヲ定ム。

第四十八條 幼年囚ノ着用スヘキ上衣ハ成年囚ノ上衣ト其裁方及ヒ色合ヲ別異ズヘシ（第七十一條第一項、（ロ））。

第四十九條 特設幼年監又ハ普通監獄內ノ幼年區ニ施行スル監內規程ニハ第三十二條、第三十三條及ヒ第四十二條ニ對スル例外規定ヲ設クルコトヲ得。

第五章　紀律及ヒ懲罰

第五十條　在監者ハ一般ノ法令、監內規程（第十一條、第十七條）其他ノ訓示竝ニ禮儀作法ニ背戾スル一切ノ行動ヲ爲スヘカラス、之ニ違反スルトキハ懲罰ノ制裁ヲ免カレサルモノトス。又在監者ハ克ク監獄官吏ノ命ヲ遵守シ、監獄官吏ノ職務上發シタル問ニ對シテ誠實ニ應答スヘキ義務ヲ負フ。

第五十一條

一　懲罰トシテ其適用ヲ許スモノ左ノ如シ。

イ　叱責。

ロ　優遇ノ禁止（第二十七條、第三十條第二項、第三十三條、第三十四條、第四十二條第二項及ヒ第三項、第四十三條、第四十四條）。

ハ　四週間以內ノ圖書看讀ノ禁止。

ニ　獨居拘禁ニ付セラレタル者ニ對スル一週間以下ノ就業禁止。

ホ　一週間以內ノ臥床臥具ノ禁止。
ヘ　一週間以內ノ減食。
ト　六週間以內ノ屏禁。　屏禁中ニ在ル者ニハ當然特別飮食物及ヒ優遇、書籍雜誌ノ看讀竝ニ書信接見ノ許可ヲ停止ス。
チ　男懲役囚ニ對スル二週間以內ノ施械。
リ　監獄ノ所在地ニ行ハルル法律ニ依リ就學義務アル幼年ニ對シテ科スルコトヲ得ヘキ學校罰。

二　前項(イ)乃至(ヘ)ニ揭ケタル懲罰ハ個々ニ又ハ倂合シテ之ヲ科ス。　屏禁ハ左ノ方法ニ依リ之ヲ加重スルコトヲ得。
イ　就業ノ禁止。
ロ　臥床臥具ノ禁止。
ハ　減食。
ニ　闇室。

三　前項ニ掲ケタル加重ハ懲罰期間ノ全部又ハ一部ニ對シ個々ニ又ハ併合シテ之ヲ適用ス。但闇室ニ因ル加重ハ四週間以內トス。一週間以上ノ屏禁ニ前項(ロ)(ハ)(ニ)ノ加重ヲ併科シタルトキハ執行後第四日、第八日及ヒ爾後三日毎ニ加重ヲ免ス。減食ハ二週間ヲ超ユルコトヲ許サス。

四　幼年囚ニ對シテハ闇室ニ因ル屏禁ノ加重ヲ適用スルコトヲ許サス。

五　輕禁錮囚ニ對シテハ第一項(イ)乃至(ハ)ニ掲ケタル懲罰方法ニ限リ之ヲ適用スルコトヲ許ス。

第五十二條

一　在監者ニ對スル懲罰ハ監獄長又ハ監督官廳之ヲ言渡ス。監督官廳ニ於テ懲罰ヲ言渡スニハ豫メ本人ヲ訊問スヘシ。懲罰ハ直チニ執行スルヲ通則トス(第二十四條)。改善ノ情アルトキハ懲罰ノ執行ヲ停止シ又ハ執行後懲罰ヲ減輕シ若クハ免除スルコトヲ得。

二　懲罰ヲ科スル官廳ノ權限ハ犯則行爲ノアリタル時及ヒ場所ニ依リテ

定マル。

三　裁判所ニ於テ刑事手續ノ開始セラレタル後ト雖モ懲罰ヲ科スルコトヲ妨ケス。

四　第五十一條第一項(イ)乃至(ハ)ノ方法ヲ除ク外懲罰ハ其執行前監獄醫ニ之ヲ通知シ疑義アルトキハ之ヲ陳述スルコトヲ得セシムヘシ。

五　刑期ノ滿了ニ際シ重大ナル犯則行爲アルトキハ刑期ノ滿了後引續キ懲罰ヲ執行スルコトヲ得、但其期間ハ一週間ヲ超ユルコトヲ得ス。

六　懲罰ヲ言渡シタルトキハ之ヲ懲罰簿ニ登錄スヘシ。

第五十三條　穩便ナル方法ニテハ暴行ヲ以テスル現行ノ抵抗ヲ鎭メ其他撿束ヲ完フスルニ足ラサル場合ニ於テハ窄衣又ハ手錠足枷ヲ使用ス。

第六章　釋放

第五十四條

一　刑期ノ最終日ニハ在監者ノ歸住地ト監獄トノ交通關係ヲ斟酌シテ相當ノ餘裕ヲ與ヘ其日ノ終了前ニ本人ヲ釋放スルコトヲ得。

二　刑期ノ終了時間カ夕ノ六時ヨリ朝ノ七時迄ノ間ニ在ルトキハ夕ノ六時ニ本人ヲ釋放スヘシ、但本人ノ請願アルトキハ翌朝迄監獄ニ留マルコトヲ許ス。

三　釋放囚ニハ季節、土地ノ風習及ヒ本人ノ健康ニ相應スル衣服ヲ著用セシメ必要アル場合ニハ旅費及ヒ辨當料ヲ給與スルコトヲ要ス。

四　釋放囚ニ於テ刑期終了ノ證明書ヲ得ンコトヲ請フトキハ之ヲ交付スヘシ。

第五十五條　長期ノ自由刑ニ處セラレタル者ニシテ懲役囚ニ在テハ刑期四分ノ三ヲ經過シ且一年以上執行ヲ終ヘ、禁錮囚ニ在テハ刑期三分ノ二ヲ經過シ且六月以上執行ヲ終ヘ、拘留囚及ヒ輕禁錮囚ニ在テハ刑期二分ノ一ヲ經過シ且六月以上執行ヲ終ヘタルトキハ之ニ對シ假出獄ヲ許スコトヲ得。

未決勾留日數ヲ刑期ニ算入シタルトキハ其日數ヲ控除シタル殘部ヲ刑期ト看做ス。

第五十六條　假出獄ハ在監者カ刑ノ執行中行狀善良ニシテ且本人ノ來歷及ヒ其他ノ關係ニ徵シ將來善行ヲ持續スル見込アリ又出獄後生計ヲ立ツルニ十分ナル職業ノ便ヲ有シ若クハ他ノ方法ニ依リ居所及ヒ生計ニ支障ナキコト明カナルトキニ限リ之ヲ許ス。

第五十七條

一　假出獄ヲ許サレタル者不良ノ行ヲ爲シ又ハ釋放ノ際若クハ釋放後其義務トシテ命セラレタル要件ニ違背シタルトキハ假出獄ヲ取消スコトヲ得。

二　假出獄ノ取消アリタルトキハ釋放時ヨリ再入時ニ至ル迄ノ日數ハ刑期ニ算入セス。

三　假出獄ヲ取消サルルコトナクシテ二年ヲ經過シタルトキハ殘刑期カ

二年ヲ超ユルトキト雖モ刑ノ執行ヲ終ヘタルモノト看做ス。

四　考試期間(前項ニ掲ケタル二年ノ期間)中生シタル取消ノ事由カ期間經過後ニ至リ發覺シタルトキハ事後取消ヲ命スルコトヲ得。但期間終了後三月ヲ經過シタルトキハ假出獄ノ取消ヲ爲サス。

五　考試期間終了ノ際假出獄者ニ對シ刑事手續ノ繋屬スル場合ニ於テハ確定裁判ニ依リ其手續ノ終結シタル後六週間内ハ仍ホ假出獄ノ取消ヲ命スルコトヲ得。

第五十八條

一　假出獄及ヒ其取消ハ最高司法監督官廳之ヲ裁決ス。假出獄ノ許否ニ付テハ監獄長ノ意見ヲ聽クヘシ。

二　假出獄取消ノ事由ヲ生シタリト思料スヘキ場合ニ於テ假出獄者逃走ノ虞アルトキハ本人所在地ノ警察官廳ハ假逮捕ヲ命スルコトヲ得。此場合ニ於テハ速ニ取消ニ付テノ裁決ヲ求ムヘシ。取消ノ命令アリタルトキハ假逮捕ノ日ヲ以テ取消ノ日ト看做ス。

第七章　保安處分ノ執行ニ關スル特別規定

第一節　勞役場

第五十九條　勞役場ハ在場者ヲシテ精神上及ヒ道德上進步發達セシメ再ヒ勤勉ニシテ適法ナル生活ニ馴致セシムルコトヲ努ムヘキモノトス。

第六十條

一　在場者ハ之ヲ雜居拘禁ニ付ス。本人ノ利益ヲ保存シ又ハ場內ノ秩序安寧ヲ維持スル爲メ適當ト認ムルトキハ獨居拘禁ニ付スルコトヲ得。但本人ノ心身ノ狀態カ之ニ堪ヘ難キ場合ハ此限ニ在ラス。

二　在場者ハ內役竝ニ外役ニ就ク義務ヲ負フ。作業ヲ課スルニハ出場後ニ於ケル生計ノ便益ヲ考慮スヘシ。自營作業ハ之ヲ許サス。

三 勞働能力ナキ者ハ之ヲ收容セス。在場者ニシテ勞働能力ナキコト明カナル場合ニ於テ判決ノ趣旨カ禁錮ニ代ヘ勞役場留置ヲ言渡シタルモノニ係ルトキハ禁錮ヲ執行シ、禁錮ト勞役場留置トヲ併科シタルモノニ係ルトキハ勞役場留置ヲ禁錮ニ換フ。此場合ニ於テハ在場日數ヲ禁錮ノ期間ニ算入ス。

第六十一條

一 右ノ外勞役場ニハ監獄ニ關スル規定ヲ準用ス。

二 懲役囚タルト禁錮囚タルトニ依リ處遇上差等ノ存スル程度ニ於テ、公權ヲ有セサル者ニ對シテハ懲役囚ニ關スル規定ヲ適用シ、其他ノ者ニ對シテハ禁錮囚ニ關スル規定ヲ適用ス。但糧食ノ自辨及ヒ自衣ノ使用ハ之ヲ許サス。

第六十二條

一　行狀善良ニシテ留置期間ノ半ヲ終ヘタル在場者ニハ地方警察官廳ノ處分ニ依リ假出場ヲ許スコトヲ得。第五十五條乃至第五十八條ノ規定ハ假出場ニ之ヲ準用ス。

二　假出場者懲役又ハ禁錮ニ處セラレタルトキハ勞役場留置ノ殘餘日數ハ之ヲ同一日數ノ懲役又ハ禁錮ニ換フ。

第二節　保安勾留

第六十三條

一　保安勾留ハ被勾留者ヲシテ當分ノ內自由ノ社會ニ復歸セシメサルヲ最先ノ目的トス。第五十九條ニ揭ケタル旨趣ハ前段ノ目的ト共ニ成ルヘク其實行ヲ期スヘキモノトス。

二　第六十條第一項ハ保安勾留ニ之ヲ適用ス。

三　保安勾留ニ付セラレタル者ニ對シテハ拘留場ノ秩序安寧ヲ維持スル

ニ必要ナル程度ヲ超ヘ嚴格ナル處遇ヲ爲スヘカラス。

第六十四條

一　保安勾留ヲ執行スルニハ之ニ着手スルニ先チ懲役ヲ執行シタル監獄ニ就キ本人ノ懲役執行中ニ於ケル行跡ヲ聽取ルヘシ。

二　公安ニ危害ヲ及ホス虞ナキニ至リタル者ト認ムヘキ被拘留者ニ對シテハ拘留ヲ繼續スルコトヲ得ス。

第六十五條

一　作業ニ付テハ第二十七條第一項ノ規定ヲ準用ス。但就業時間ハ禁錮囚ニ準シ作業賞與金ハ拘留囚ニ準シテ之ヲ定ムヘシ。

二　糧食ノ自辨及ヒ自衣ノ使用ハ之ヲ許サス。

三　保安勾留ニ付セラレタル者ニハ拘留囚ニ準シ特別ノ飲食物ヲ購求スルコトヲ許ス。但保安勾留ニ先テ爲シタル懲役ノ執行中記帳セラレタル作業賞與金ハ利息附ニテ之ヲ寄託スヘシ。

第六十六條　右ノ外保安勾留ニ付テハ監獄ニ關スル規定特ニ別段ノ定ナキ限リ拘留囚ニ關スル規定ヲ準用ス。

第六十七條　保安勾留ニ付セラレタル者拘留場ニ於テ引續キ行狀善良ニシテ且其身分關係ニ徵シ將來善行ヲ持續スル見込アリ又出場後生計ヲ立ツルニ十分ナル職業ノ便ヲ有シ若クハ他ノ方法ニ依リ居所竝ニ生計ニ支障ナキコト明カナルトキハ本人ニ對シ假出場ヲ許スコトヲ得。假出場ヲ取消サルルコトナクシテ五年ヲ經過シタルトキハ假出場ハ終局的釋放ト爲ルモノトス。

第六十八條　保安勾留ニ付シタル後三年ヲ經過スルモ仍ホ之ヲ續行スヘキ必要アリト思料スルトキハ職權ヲ以テ裁判所ノ決定ヲ請求スヘシ。裁判所ニ於テ保安勾留ヲ續行スヘキモノト認メタルトキハ續行ノ命令ヲ下スト同時ニ再ヒ裁判所ノ決定ヲ請求スヘキ期間ヲ定ムヘシ。

第八章　出獄人保護及ヒ保護監視

第六十九條
一　釋放スヘキ在監者ニシテ保護ヲ與フルノ價値及ヒ其必要アルモノニハ遲滯ナク保護ヲ紹介スヘシ。
二　假出獄者ハ之ヲ保護監視ニ付スルコトヲ得。保安處分ノ假出場者ハ之ヲ保護監視ニ付スルコトヲ要ス。
三　出獄人保護竝ニ保護監視ノ着手ニ便宜ヲ與フル爲メ保護者殊ニ出獄人保護會ノ會員ニ監獄ヘノ出入ヲ許シ立會ナクシテ在監者ニ接見セシムルコトヲ得。
四　出獄人ノ保護又ハ保護監視ヲ引受ケタル保護者又ハ保護會ニハ被保護人員ニ應シ國庫ノ補助金ヲ給ス。

第九章　權限ニ關スル規定竝ニ附則

第七十條
一　本法ハ刑法ト同時ニ之ヲ施行ス。
二　本法施行ノ爲メ必要ナル營造物、專用區、監房、場舍、及ヒ諸般ノ設備ニシテ仍ホ現存セサルモノニ付テハ聯邦議會ノ決議ヲ以テ相當ノ設備期間ヲ定ム。
三　本法ノ施行ト共ニ聯邦各州ヲ通シ之ヲ統一スル監獄統計ノ編纂ヲ開始ス。

第七十一條
一　左ノ事項ハ聯邦議會ノ決議ヲ以テ之ヲ定ム。
イ　刑期計算法ノ統一。
ロ　受刑者及ヒ保安處分ニ依ル被拘禁者ノ各種類ヲ區別スル上衣ノ製

法。

ハ　手錠足枷及ヒ之ニ類スル戒具（第五十一條、第五十三條）ノ製法及ヒ使用法。

ニ　自營作業ヲ許ス場合ニ於ケル辨償金ノ算定法。

ホ　作業賞與金ノ計算及ヒ取扱竝ニ其一部ヲ特別飮食物ノ購求ニ使用セシムル場合（第三十條第二項、第三十四條）ニ關スル要件。

ヘ　刑ノ執行費用及ヒ保安處分執行費用ノ計算法竝ニ費用ノ補償及ヒ取立ニ付キ監獄、拘留場、勞役場ノ干與ヲ要スル限リ補償及ヒ取立ノ簡易手續ヲ設ルコト。

ト　出獄人保護及ヒ保護監視ノ施業法殊ニ其組織、設備、被保護人ヲシテ負擔セシメサルヘカラサル義務ト負擔セシムルコトヲ得ル義務、法律上許容スヘキ監督方法竝ニ出獄人保護及ヒ保護監視ニ對スル國庫補助金（第六十九條）ノ算定法。

チ　監獄統計編纂ノ基礎トナルヘキ事項及ヒ帝國政府ノ爲メニスル統計事務取扱法。
二　在監者ノ作業ニ關スル第三十一條ノ法則ノ實施ニ付テハ聯邦議會ニ對シ毎年其事跡ヲ證明スヘシ。
三　左ノ事項ニ付テハ聯邦議會ニ於テ細則ヲ設クルコトヲ得。
イ　收監命令ノ樣式。
ロ　衞生警察ニ關スル事項(第三十九條第一項)、但其事項カ帝國法ニ依リ規定セラルヘキモノニ限ル。
ハ　就業中ニ於ケル災害ノ豫防ニ關スル事項。
ニ　勞役場及ヒ保安勾留ノ執行場ニ關スル事項。

第七十二條

一　執行ノ事務ヲ擔當スル地方官廳及ヒ其權限ハ本法ニ別段ノ定メナキ限リ聯邦州法ヲ以テ之ヲ規定ス。自由刑ノ執行官廳ハ同一監督官廳ノ所管ニ屬セシムルコトヲ要ス。
二　左ノ事項ニ付テハ監督官廳ノ認可ヲ受クルコトヲ要ス。
イ　監內規程ノ發布（第十一條、第四十九條）。
ロ　第四條第二項及ヒ第五條ニ依ル拘禁配置。
ハ　三年ヲ超ユル獨居拘禁ノ繼續（第二十條）。
ニ　第三十一條第三項及ヒ第十條第五項ニ依ル作業ノ施設。
ホ　敎育ノ施設（第二十六條及ヒ第四十一條）。
ヘ　定時ノ檢閲ヲ條件トスル第四十四條第六項ノ處分。
三　總テノ執行機關ハ常ニ之ヲ視察スルコトヲ要ス。殊ニ巡閲官ヲシテ定時又ハ臨時ニ視察ヲ厲行セシムヘシ。
四　右ノ外高等監督官廳ノ定ムル細則ニ依リ工業監督官ヲシテ各執行機關ヲ視察セシムヘシ。
五　規模ノ大ナル監獄ニハ官吏ノ外別ニ監獄訪問委員ヲ附置シ行政ヲ補

佐セシムルコトヲ得。監獄訪問委員ノ權利義務ハ委員ニ對シテ訓示スル命令ノ内容ニ依リ定マルモノトス。

第七十三條　聯邦各州ノ法律命令ニシテ本法ノ規定又ハ第七十一條ニ依リテ發スル聯邦議會ノ決議ニ牴觸セサルモノハ其效力ヲ保有ス。又此種ノ法令ハ向後聯邦各州ニ於テ新ニ之ヲ發シ又ハ之ヲ變更スルコトヲ得。殊ニ左ノ事項ハ前掲法則ノ適用ヲ受クルモノトス。

イ　戒護吏員ノ武器使用。

ロ　別段ノ定ナキ限リ刑ノ執行中止特ニ一時歸宅ノ許可。

大正六年七月五日印刷
大正六年七月八日發行

定價金八拾錢

發行者　監獄協會
東京市麴町區西日比谷町一番地
電話新橋　一三六八番
振替東京　二五〇五九番

印刷者　高島幸三郎
東京市京橋區高代町四番地

印刷所　高島印刷所
東京市京橋區高代町四番地

獄制研究資料　第一輯　　日本立法資料全集　別巻 1225

平成31年４月20日　　復刻版第１刷発行

編纂者　谷　田　三　郎

発行者　今　井　　　貴
　　　　渡　辺　左　近

発行所　信　山　社　出　版

〒113-0033　東京都文京区本郷６-２-９-102
モンテベルデ第２東大正門前
電　話　03（3818）1019
ＦＡＸ　03（3818）0344
郵便振替　00140-2-367777（信山社販売）

Printed in Japan.

制作／(株)信山社，印刷・製本／松澤印刷・日進堂

ISBN 978-4-7972-7343-4 C3332

別巻　巻数順一覧【950 ～ 981 巻】

巻数	書　名	編・著者	ISBN	本体価格
950	実地応用町村制質疑録	野田藤吉郎、國吉拓郎	ISBN978-4-7972-6656-6	22,000 円
951	市町村議員必携	川瀬周次、田中迪三	ISBN978-4-7972-6657-3	40,000 円
952	増補 町村制執務備考 全	増澤鐵、飯島篤雄	ISBN978-4-7972-6658-0	46,000 円
953	郡区町村編制法 府県会規則 地方税規則 三法綱論	小笠原美治	ISBN978-4-7972-6659-7	28,000 円
954	郡区町村編制 府県会規則 地方税規則 新法例纂 追加地方諸要則	柳澤武運三	ISBN978-4-7972-6660-3	21,000 円
955	地方革新講話	西内天行	ISBN978-4-7972-6921-5	40,000 円
956	市町村名辞典	杉野耕三郎	ISBN978-4-7972-6922-2	38,000 円
957	市町村吏員提要〔第三版〕	田邊好一	ISBN978-4-7972-6923-9	60,000 円
958	帝国市町村便覧	大西林五郎	ISBN978-4-7972-6924-6	57,000 円
959	最近検定 市町村名鑑 附 官国幣社 及 諸学校所在地一覧	藤澤衛彦、伊東順彦、増田穆、関惣右衛門	ISBN978-4-7972-6925-3	64,000 円
960	鼇頭対照 市町村制解釈 附 理由書 及 参考諸布達	伊藤寿	ISBN978-4-7972-6926-0	40,000 円
961	市町村制釈義 完　附 市町村制理由	水越成章	ISBN978-4-7972-6927-7	36,000 円
962	府県郡市町村 模範治績　附 耕地整理法 産業組合法 附属法令	荻野千之助	ISBN978-4-7972-6928-4	74,000 円
963	市町村大字読方名彙〔大正十四年度版〕	小川琢治	ISBN978-4-7972-6929-1	60,000 円
964	町村会議員選挙要覧	津田東璋	ISBN978-4-7972-6930-7	34,000 円
965	市制町村制 及 府県制　附 普通選挙法	法律研究会	ISBN978-4-7972-6931-4	30,000 円
966	市制町村制註釈 完　附 市制町村制理由〔明治21年初版〕	角田真平、山田正賢	ISBN978-4-7972-6932-1	46,000 円
967	市町村制詳解 全　附 市町村制理由	元田肇、加藤政之助、日鼻豊作	ISBN978-4-7972-6933-8	47,000 円
968	区町村会議要覧 全	阪田辨之助	ISBN978-4-7972-6934-5	28,000 円
969	実用 町村制市制事務提要	河邨貞山、島村文耕	ISBN978-4-7972-6935-2	46,000 円
970	新旧対照 市制町村制正文〔第三版〕	自治館編輯局	ISBN978-4-7972-6936-9	28,000 円
971	細密調査 市町村便覧（三府四十三県 北海道 樺太 台湾 朝鮮 関東州）附 分類官公衙公私学校銀行所在地一覧表	白山榮一郎、森田公美	ISBN978-4-7972-6937-6	88,000 円
972	正文 市制町村制 並 附属法規	法曹閣	ISBN978-4-7972-6938-3	21,000 円
973	台湾朝鮮関東州 全国市町村便覧 各学校所在地〔第一分冊〕	長谷川好太郎	ISBN978-4-7972-6939-0	58,000 円
974	台湾朝鮮関東州 全国市町村便覧 各学校所在地〔第二分冊〕	長谷川好太郎	ISBN978-4-7972-6940-6	58,000 円
975	合巻 佛蘭西邑法・和蘭邑法・皇国郡区町村編成法	箕作麟祥、大井憲太郎、神田孝平	ISBN978-4-7972-6941-3	28,000 円
976	自治之模範	江木翼	ISBN978-4-7972-6942-0	60,000 円
977	地方制度実例総覧〔明治36年初版〕	金田謙	ISBN978-4-7972-6943-7	48,000 円
978	市町村民 自治読本	武藤榮治郎	ISBN978-4-7972-6944-4	22,000 円
979	町村制詳解　附 市制及町村制理由	相澤富蔵	ISBN978-4-7972-6945-1	28,000 円
980	改正 市町村制 並 附属法規	楠綾雄	ISBN978-4-7972-6946-8	28,000 円
981	改正 市制 及 町村制〔訂正10版〕	山野金蔵	ISBN978-4-7972-6947-5	28,000 円